O ESMERIL DE HORÁCIO

Copyright © Érico Nogueira
Copyright desta edição © 2020 Editora Filocalia

Editor
Edson Manoel de Oliveira Filho

Produção editorial
Editora Filocalia

Capa, projeto gráfico e diagramação
Nine Design Gráfico | Mauricio Nisi Gonçalves

Revisão de texto
Marco Catalão

Reservados todos os direitos desta obra. Proibida toda e qualquer reprodução desta edição por qualquer meio ou forma, seja ela eletrônica ou mecânica, fotocópia, gravação ou qualquer outro meio de reprodução, sem permissão expressa do editor.

Dados Internacionais de Catalogação na Publicação (CIP) de acordo com ISBD

N778e
    Nogueira, Érico
        O esmeril de Horácio: ritmo e técnica do verso em português / Érico Nogueira. – São Paulo, SP : Editora Filocalia, 2020.
    216 p. ; 14cm x 21cm.

    Inclui bibliografia.
    ISBN: 978-85-69677-31-4

    1. Literatura. 2. Poesia. 3. Métrica. 4. Verso. I. Título.

2019-1751   CDD 808.1
                                                                         CDU 82-1

Elaborado por Vagner Rodolfo da Silva - CRB-8/9410
Índice para catálogo sistemático:
1. Literatura : Poesia 808.1
2. Literatura : Poesia 82-1

Editora Filocalia Ltda.
Rua França Pinto, 509 • Vila Mariana • São Paulo • SP
cep: 04016-032 • Telefone: (5511) 5572 5363
atendimento@filocalia.com.br • www.editorafilocalia.com.br

Este livro foi impresso pela Gráfica HRosa em junho de 2020. Os tipos são da família ITC New Baskerville e Bodoni Std. O papel do miolo é o Pólen Soft LD 80 g, e o da capa, cartão Ningbo C2 250 g.

RITMO E TÉCNICA DO VERSO EM PORTUGUÊS
ÉRICO NOGUEIRA

FI
LO
CA
LIA

*"... Portanto, farei de esmeril, que afiado
sabe o ferro tornar, desprovido, ele próprio, de fio;
múnus e ofício, nada escrevendo eu próprio, leciono".*

Horácio, *Arte Poética*, vv. 304-306.

Sumário

Prólogo 9

Símbolos Métricos 13

Capítulo I 15
O Roteiro da Questão (O Caminho da Roça)

Capítulo II 25
Medidas Latinas em Verso Português

Capítulo III 43
Da Ode em Português

Capítulo IV 71
Os Metros de Horácio em Verso Português

Capítulo V 205
Observações Finais

Súmula Bibliográfica 207

Prólogo

Em seu sentido mais técnico e mais exato, poesia é fabricação, confecção, fazimento. Logo, se, além de fingidor, o poeta é antes de tudo e sobretudo um fazedor, o primeiro que faz é aprender as regras que regulam o que escolheu fazer, as quais, ou bem estão latentes nos grandes feitos da tradição – a *Eneida*, a *Comédia*, *Os Lusíadas*... –, ou bem patentes nos tratados de poética, ensaios literários e teses universitárias.

A diferença, porém, – natural e inevitável – entre o que se faz no poema e o que se preceitua na doutrina redundou amiúde num grosseiro desprezo por esta, cujo efeito funestíssimo, em termos históricos e culturais, foi alimentar gerações e gerações de autoproclamados poetas que simplesmente desconhecem o básico do seu metiê. Falando justamente das regras ignoradas pelos poetastros, vovô Horácio já dizia (*Arte Poética*, v. 87):

Ora, por que, se as não sei e ignoro, me chamam poeta?

É curiosa (e antiquíssima) essa tara de querer ser poeta sem saber as regras da poesia, e não me cabe aqui elucubrar as causas médicas dessa estranha perversão. Seja como for, o facto é que ninguém em seu são juízo teimaria que é carpinteiro sem saber fazer uma mesa, mas há legiões de gente mui ajuizada, que não rasga dinheiro e faz exames periódicos, as quais insistem em declarar-se poetas sem ter ideia nenhuma de como se faz um poema. Vai entender?

Em arte – e a poesia é uma arte –, saber significa saber fazer: *savoir-faire*, *know-how*. Vem daí a desconfiança da doutrina e dos doutrinadores, claro, que se metem a regular em teoria o que em prática não sabem pôr. Há poetas enormes que não foram teóricos; – mas não há grande poeta nenhum que não soubesse *o que* fazer, e *como* fazer, afinal.

A fim de encurtar a distância entre teoria e prática, este livro sobre os ritmos que Horácio usou em latim, tomados como modelos ou pontos de partida para exercícios rítmicos em português, é também pequena antologia da poesia do autor, apresentada aqui no original e em tradução.

Com isso, quero dizer que minhas traduções, as quais sempre discuto em detalhe, são como a prática demonstração de quanto penso e teorizo sobre o ritmo em Horácio, e de como a reprodução vernácula de ritmos latinos é privilegiadíssima porta de acesso à técnica mesma da poesia, ou à poesia como técnica. Daí minha ênfase – como se verá – na elocução ou estilo latinizante, de longas sentenças e com muitas coordenações e subordinações, que é o expediente mais seguro, e historicamente o mais eficaz, para adquirir uma técnica precisa, desenvolta, articulada, capaz de sustentar qualquer argumento. Porque, como a prática demonstra, quanto mais e melhor se dominam os artifícios do estilo elevado, que contém em si todos os estilos, mais seguramente se encontra a própria voz, e, pois, com mais conhecimento de causa se escolhe, por exemplo, a poesia antipoética, à moda de João Cabral, ou a prosa essencial e limpíssima, à Graciliano Ramos. O Orador por antonomásia o sabia bem, pois, comparando o grandíloquo Demóstenes com o correto Lísias, disse precisamente o seguinte (Cícero, *De Optimo Genere Oratorum* III, 7, 10):

> Dá-se, pois, que Demóstenes certamente pode discursar em estilo humilde, mas Lísias no elevado talvez não possa.

É lição preciosa: aprendamos com quem sabe.

Não se trata, porém, de clonar Luís de Camões ou Fernão Mendes Pinto, criando uma aberração de laboratório. Muito pelo contrário, o ponto está em conhecer e imitar sua elocução para aprimorar-se, e, assim, usar a alheia para achar a própria voz. Parte-se da língua articulada deles, capaz de sustentar longos argumentos e manter a tensão emocional por centenas de linhas, como de um modelo, a fim de, pela imitação (de início, comportada; ousada, depois) descobrir a própria língua, e reinventar o português, como eles fizeram.

Dessa maneira, minhas traduções de Horácio, classicizantes e alatinadas, são como a sonata de conservatório ou o retrato de ateliê – isto é, composições escolares, pensadas como exemplos bem-feitos da aplicação de certas técnicas, e que têm nisso a *raison d'être* e a só virtude: se, além disso, se julgar que são poemas de facto, total e integralmente, agradeço a benevolência – mas não me iludo.

Isto não significa que não fiz o melhor que pude, claro, segundo a minha sensibilidade artística e na medida do meu engenho. Mas, a contrapelo de certa corrente mefistofélica, que vê na tradução literária, já um pretexto de transgressão, já um motivo de autoafirmação, eu creio firmemente que a tradução é doação de si, é negação de si: é – como a poesia – fuga da personalidade e exercício de objetividade (não é, *mister* Eliot?), como o asceta que se esvazia para se encher do Outro.

Originalmente um trabalho de pós-doutorado realizado na Unesp de Araraquara entre janeiro de 2015 e janeiro de 2017, este livro deve a existência a vários amigos e colaboradores. Dentre todos, gostaria de citar nominalmente o Prof. Dr. João Batista Toledo Prado, supervisor do projeto, e o Prof. Dr. Brunno Vinicius Gonçalves Vieira, amigo e cicerone, sem os quais não poderia ter levado a bom termo a pesquisa que resultou neste livro. A eles e a todos o meu muito obrigado.

Também queria agradecer de maneira especial ao poeta Marco Catalão. Amigo e leitor de todas as horas, a ele devo a revisão gramatical e a preparação editorial deste livro – além de observações valiosas, no tocante à tradução e aos comentários técnicos, devidamente assinaladas no lugar oportuno.

Por último, registro o meu sincero agradecimento à equipe da editora Filocalia – seja a Edson Manoel de Oliveira Filho, em particular, editor e parceiro há mais de uma década, seja, em geral, a todos os envolvidos na edição deste livro – pelo zelo e cuidado que tiveram em disponibilizar ao leitor aprendiz minha gravação de um trecho de cada um dos poemas que traduzo, numerados de um a vinte e um. Espero que a audição desses ritmos venha a facilitar sua utilização por parte do exercitante.

Boa leitura a todos.

São Paulo, 15 de maio de 2019.

Símbolos Métricos

U   Sílaba breve fora do tempo marcado.
–   Sílaba longa fora do tempo marcado.
X   Sílaba ancípite (indiferentemente breve ou longa) fora do tempo marcado.
=   Sílaba longa em tempo marcado.
O   Sílaba ancípite em tempo marcado.
UU   Par de breves substituível por uma longa (em tempo não marcado).

Capítulo I

O Roteiro da Questão (O Caminho da Roça)

Foi por ocasião de *Verdade, Contenda e Poesia nos* Idílios *de Teócrito*, tese de doutorado defendida e publicada em 2012, que comecei o estudo pormenorizado da métrica grega e latina e, a par e par de reflexão sobre suas particularidades, (algumas) semelhanças e (muitas) diferenças em relação à portuguesa, por assim dizer debutei nisto de dar feição vernácula a medida antiga. De facto, depois de estudar o que me parecia ser o núcleo do programa poético de Teócrito de Siracusa, traduzi-lhe os idílios hexamétricos autênticos num verso português decalcado do hexâmetro, certo, e constante, então, do arranjo de seis tónicas segundo um ritmo preponderantemente dactílico, com possibilidade de anacruse, substituição de qualquer célula dactílica por trocaica ou espondaica – por rara que esta seja em português – e fim de verso indiferentemente agudo, grave ou esdrúxulo. Vejamos um exemplo (idílio XI 1-6; em grego e em português, respectivamente os tempos marcados e as tónicas da sequência fonológica estão em negrito):

Οὐδὲν ποττὸν ἔρωτα | πεφύκει φάρμακον ἄλλο,
Νικία, οὔτ' ἔγχριστον, | ἐμὶν δοκεῖ, οὔτ' ἐπίπαστον,
ἢ ταὶ Πιερίδες· | κοῦφον δέ τι τοῦτο καὶ ἁδύ
γίνετ' ἐπ' ἀνθρώποις, | εὑρεῖν δ' οὐ ῥᾴδιόν ἐστι.
γινώσκειν δ' οἶμαί | τυ καλῶς ἰατρὸν ἐόντα
καὶ ταῖς ἐννέα δὴ | πεφιλημένον ἔξοχα Μοίσαις.

Não, para o amor não existe | outro fármaco não, meu querido
Nícias, unguento tampouco, | acredito, nem talco sequer,
senão as Piérides: coisa | levíssima, sim, e doce
no meio dos homens, conquanto | nada fácil de achar
– como tu sabes perfeitamente, | suponho, médico
que és, e também mui amado | por todas as nove Musas.

Como podemos observar, esses versos vernáculos, que batizei de hexatônicos, seguem mais ou menos de perto a incidência dos tempos marcados dos originais, distanciando-se deles (para não dizer *em tudo*, sendo, como são, sucessão ritmada de tônicas e átonas, e não, como os gregos, composição de longas e breves marcada por acentos melódicos, mais que expiratórios[1]) **1)** por admitirem anacruse – o "senão" do verso 3 –, **2)** por valerem-se do ritmo trocaico inclusive na chamada cláusula hexamétrica – o "sim e doce" do mesmo verso 3 – e, finalmente, seguindo as lições da melhor linguística do português[2], **3)** por considerar que o

---

[1] Cf. SNELL (2010⁵), pp. 4-6.
[2] Cf. *passim* CÂMARA JR. (1985), em especial p. 36: "... há uma diferença suplementar prosódica (muito firme no Brasil) entre as sílabas átonas do vocábulo. As que precedem a sílaba acentuada ou

nosso verso termina na última sílaba tônica, e, pois, admite final indiferentemente agudo, grave ou esdrúxulo – como o "achar" do verso 4, as "Musas" do 6 e o "médico" do 5, respectivamente.

Ora, a despeito das possíveis qualidades e dos incontornáveis defeitos desse verso hexatônico, caracteriza-o e singulariza-o a compreensão mais ou menos explícita de que, se não a única, a maneira mais adequada de reproduzir antigas medidas estranhas num vernáculo moderno é lançando mão dos seus próprios característicos prosódicos e elocutórios, ou, em outras palavras, de que apenas e tão-somente a manipulação engenhosa de versos *portugueses*, respeitando as particularidades fonológicas, morfológicas e sintáticas da nossa língua, é capaz de produzir um constructo articulado, plástico, dúctil, que, sobre ser recriação de um modelo estranho, seja também, e sobretudo, um verso de pleno direito, em termos vernáculos. Precisamente o

---

tônica (pretônicas) têm ligeira força expiratória que as distingue das átonas (final ou duas últimas finais) que se seguem ao acento grave ou esdrúxulo e são caracteristicamente débeis (postônicas). Já por si o acento assinala a existência de um vocábulo fonológico. Numa emissão de fala contínua, sem pausa intercorrente (grupo de força), há tantos vocábulos fonológicos quantos são os acentos; o último, que é necessariamente o mais forte e se opõe aos anteriores mais atenuados, marca o fim do grupo de força e prediz uma pausa". O fim de verso em português, portanto, segundo a autorizada lição de Mattoso Câmara, só pode ser a última sílaba tônica – o que corrobora a doutrina de Castilho (1874[4]) e, antes dele, Couto Guerreiro (1784), segundo os quais a última sílaba tônica é de pleno direito a última sílaba do verso português.

que fez Fernando Pessoa, como já tive ocasião de demonstrar[3], ao dar engenhosas feições portuguesas a certos metros de Horácio – e, de modo ainda mais conspícuo, o que fez Hoelderlin também, ao recriar medidas líricas gregas no seu áulico alemão[4].

Seguindo o exemplo desses mestres, fui adiante e, nos poemas autorais "Farra do Boi" e "Charcutaria" – aquele, imitação do *Livro de Jó*; este, das sátiras primeira e décima de Juvenal –, experimentei composições vernáculas com pés iâmbicos e anapésticos dispostos em ordem e sequência preestabelecidas, fabricando versos e estâncias que, assim como os pés, também se sucedem segundo um padrão predeterminado: isto é, três estâncias, no caso daquele, duas, no deste poema. Leiamos um trecho de cada qual (à esquerda, o esquema métrico – em que as braquias representam as sílabas átonas, os mácrons, as tônicas –, e, à direita, os poemas, nos quais as tônicas estão em negrito)[5]:

---

[3] Cf. Nogueira (2014a), p. 182: "...quer os precisos metro e estrofe de Horácio que estão na base das odes heterométricas de Reis se identifiquem ou não, o que o poeta português aprende com o latino é um princípio compositivo e uma técnica do verso, aprendizado que lhe faculta, segundo a (imensa) medida do seu engenho, apropriar-se do antecessor e variá-lo a seu talante. Do que a perfeição de 'Vem sentar-te comigo, Lídia, à beira do rio' é prova eloquente".

[4] Cf. *passim* Previšić (2008).

[5] Poemas constantes de *Poesia Bovina* (É Realizações, 2014).

"Farra do Boi" (esquema métrico)   "Farra do Boi" 1-15

1. ᴗ — | ᴗᴗ — | ᴗᴗ — | ᴗᴗ —   Um cara que tinha do **bom** no bem-**bom**,
   ᴗᴗ — | ᴗ — | ᴗᴗ — | ᴗᴗ —   quase **tu**do, **qua**se, e mu**lher** e car**tão**
   ᴗᴗ — | ᴗᴗ — | ᴗ — | ᴗᴗ —   e um a**pê** nos Jar**dins**, e **tu**do que é **li**vro
   ᴗᴗ — | ᴗᴗ — | ᴗᴗ — | ᴗ — [2 x]   em i**dio**ma estran**gei**ro e até **mor**to, e, **tor**to,
                                      um ca**ná**rio em ga**io**la de **jun**co, en**fim**,   5
2. ᴗᴗ — | ᴗᴗ — | ᴗ — | ᴗᴗ —   esse **ca**ra quis **mais** sem **mais** certo **di**a,
   ᴗᴗ — | ᴗ — | ᴗᴗ — | ᴗᴗ —   algo **mais**, um **quê** não sei **quê**, não sei **on**de,
   ᴗ — | ᴗᴗ — | ᴗᴗ — | ᴗᴗ —   a**qui**lo que a parafer**ná**lia sin**tá**tica
   ᴗᴗ — | ᴗ — | ᴗᴗ — | ᴗᴗ — [2 x]   emba**ra**lha em **mei**o a fogu**e**te e artif**í**cio;
                                      o tal **cão** à **lua** ulu**lou** noite a**den**tro,   10
3. ᴗᴗ — | ᴗᴗ — | ᴗ — | ᴗᴗ —   o tal **al**go uri**nou** um **fo**go do **céu**,
   ᴗᴗ — | ᴗᴗ — | ᴗᴗ — | ᴗ —   que ca**iu** na ca**be**ça do **ca**ra, em**bai**xo,
   ᴗᴗ — | ᴗᴗ — | ᴗ — | ᴗᴗ —   e, tirando o bem-**bom** em **que e**le vi**vi**a,
   ᴗᴗ — | ᴗ — | ᴗᴗ — | ᴗᴗ — [2 x]   a vi**di**nha **de**le ainda **não**, não ti**rou**;
                                      a mu**lher** su**miu**, bloque**a**ram o car**tão** [...].   15

etc.   etc.

"Charcutaria" (esquema métrico)   "Charcutaria" 1-10

1. ᴗ — | ᴗᴗ — | ᴗᴗ — | ᴗ —   Can**sei** de escu**tar** papo-ara**nha**, ui **ui**,
   ᴗᴗ — | ᴗ — | ᴗᴗ — | ᴗ —   versa**lha**da **frou**xa de euzinho**zi**nho,
   ᴗ — | ᴗ — | ᴗᴗ — | ᴗᴗ —   ca**la**do e **sem** retru**car**; de engo**lir**
   ᴗᴗ — | ᴗ — | ᴗ — | ᴗᴗ —   um cu**zi**nho a**ze**do, o **teor** do so**va**co,
   ᴗ — | ᴗᴗ — | ᴗ — | ᴗᴗ —   bo**ce**ta espo**le**ta e **a**fins no ca**fé**-   5
2. ᴗ — | ᴗᴗ — | ᴗ — | ᴗᴗ —   -com-**lei**te; de **ver** que **cu**jo, que **coi**so, que
   ᴗᴗ — | ᴗ — | ᴗ — | ᴗᴗ —   cu**ru**pira **di**ta a **dan**ça, pi**san**do no
   ᴗ — | ᴗ — | ᴗᴗ — | ᴗᴗ —   meu **pé** e no **teu**: faz do**dói**?; vou fa**lar**
   ᴗᴗ — | ᴗ — | ᴗᴗ — | ᴗ —   a ver**da**de: **car**ne pra en**cher** lingu**i**ça
   ᴗ — | ᴗᴗ — | ᴗᴗ — | ᴗ —   não **fal**ta, o di**fí**cil é o tem**pe**ro, e o **quan**to [...]. 10

etc.   etc.

Capítulo I

Ou seja: ainda que a "Farra do Boi" conste nominalmente de hendecassílabos, de decassílabos, por sua vez, a "Charcutaria", tais etiquetas em última análise não colam, aderem mal aos artefactos que buscam descrever, uma vez que, distanciando-se da mais autorizada e tradicional versificação lusíada – que, como se sabe, é preferentemente silábica, não acentual, e, pois, admite considerável (e de resto bem-vinda) variação na incidência dos acentos tônicos do verso[6] –, os dois poemas se distinguem por uma como planificação total, em que o abstrato andamento rítmico se define e determina de antemão, para depois, e só depois, materializar-se nestas ou naquelas palavras. Dito de outro modo, adota-se, primeiro, um esquema rígido, que não admite exceções, o qual em seguida se preenche com os vocábulos adequados, em prolação contínua, como no discurso e conversação portugueses habituais. Ora, como talvez se perceba, esses poemas refletem o estudo quanto possível minucioso da técnica poética de Horácio, que, aclimatando ao latim uma série de metros líricos e epódicos da poesia grega, outra coisa não fez senão partir de um ritmo preestabelecido, muita vez hostil à prosódia e, mais, ao *léxico* da sua língua, e executá-lo com vocábulos vernáculos – e isso com dignidade, decoro, virtuosismo e competência. Daí o lugar destacado que Horácio ocupa no cânone[7] – e, paradoxalmente, haja vista a novidade e mesmo o radicalismo do seu *tour de force*, a relativa impopularidade de sua empresa, seja

---

[6] Cf. SILVA RAMOS (1959), pp. 23-31.
[7] Cf. *passim* GUERRERO (1998).

durante a sua vida ou, depois dela, nos primeiros tempos da leitura e recepção de sua obra[8].

Fosse como fosse, o facto é que já os metricistas e comentadores antigos divergiam bastante entre si, propondo distintas classificações, escansões e divisões em pés dos metros líricos de Horácio[9]. Comparados com essa

---

[8] Cf. LEOPARDI, G. "Da Fama de Horácio entre os Antigos", *in* NOGUEIRA, *Quase Poética* (2017), p. 246: "Mas, alguém porventura dirá, o que queres dizer com essa tua conversa fiada? Que por Horácio grandíssima estima nutriram os antigos, tal como nós? E já o não sabíamos, aliás, antes desse mundaréu de citações? Ao que responderia, pelo contrário, que o meu ponto é precisamente mostrar que entre os mais antigos (note-se que eu disse 'mais antigos' e não simplesmente 'antigos', com o que pretendi referir-me aos que viveram nos primeiros séculos depois dele) Horácio não gozava desta altíssima fama que lhe soemos atribuir: e este é o principal objetivo deste texto. Fique-se, pois, sabendo que nos tempos mais antigos Horácio não foi tido por tão grande e soberano poeta como agora o têm, e como tiveram a Virgílio ontem, hoje e sempre, mas a ele não, já pouco depois. Que assim tenha sido, eis, a propósito, um passo de Frontão [...]". O próprio Horácio parece confirmar a leitura de Leopardi, se é que se pode ler o exórdio de sua primeira epístola em termos mais ou menos biografistas (creio firmemente que sim, podemos).

[9] Leia-se, a título de exemplo, esta eloquente passagem do *De Musica* de Santo Agostinho (IV, xiii, 18-19), em que se analisam diferentes possibilidades de escansão do hendecassílabo sáfico [longas em negrito; *M* = mestre e *D* = discípulo]: "**18.** *M.* E então? Podes, acaso, escandir e dizer de que pés consta o seguinte metro?

Iam sa**tis ter**ris nivis, **at**que **dirae**
grandinis misit Pater, **et** ru**ben**te
dextera **sa**cras iaculatus **ar**ces.

diversidade – multiplicada, além disso, pelas ainda mais variadas possibilidades de ritmar e, pois, de efetivamente *executar* esses metros[10] –, os modernos manuais de métrica

---

D. Posso colocar um crético no início, escandir os dois restantes como pés de seis tempos – um jônico maior e um dicoreu – e fazer pausa de um tempo no final, a qual se soma ao crético para completar seis tempos.
M. Não faltou alguma coisa à tua descrição? De facto, se no final há mesmo um dicoreu, e resta ainda uma pausa, sua última sílaba, que é breve, se toma por longa. Negá-lo-ás?
D. Antes o afirmo.
M. Logo, não fica bem pôr um dicoreu no fim – a não ser que se lhe não siga pausa nenhuma –, para que não se escute um epítrito segundo em seu lugar.
D. Isso é claro como água.
M. Como, então, escandiremos esse metro?
D. Infelizmente não sei.
M. Vê, pois, se soa bem quando o recito de tal modo que, após as três primeiras sílabas, faço um tempo de pausa: assim nada faltará no final, que o dicoreu ocupará como convém.
D. Soa, de facto, agradabilíssimo.
M. Logo, acrescentemos mais isto à nossa arte: que não só no final, mas também antes dele pode haver pausa, quando preciso for – e preciso é, com efeito, quando o que falta para completar a duração dos pés ou é pausa final e inconveniente mercê da última breve – como no metro que recitamos –, ou quando se põem dois pés incompletos, um no início e outro no fim [...]". Esta e todas as traduções não abonadas são de minha autoria. Quando não forem, indicarei expressamente o nome do tradutor.

[10] Cf. *passim* DONÁ (2014).

latina parecem estáticos e estanques[11], reduzindo composições relativamente abertas, múltiplas, dinâmicas, a uma escansão fechada de ritmos imutáveis.

Por outro lado – e voltando agora ao roteiro da questão –, tendo estudado a métrica de Horácio a fim de lhe aprender a técnica, que apliquei a "Charcutaria" e "Farra do Boi", fui levado a reconhecer a imensa (e, de resto, indispensável) utilidade desses manuais, uma vez que a efetiva materialização de um padrão rítmico abstrato, escrita ou cantada que seja, é logicamente posterior à definição do padrão – isto é, é preciso definir com absoluto rigor o ritmo que se quer fixar em palavras antes de efetivamente tentar fixá-lo, e as escansões simplificadas dos manuais de métrica latina prestam um serviço bem útil nesse sentido. Seja como for, este não é o lugar de expor ou apresentar minha leitura e escansão dos metros horacianos – o que espero fazer no momento oportuno, exemplificando-o com as traduções –, mas ainda assim gostaria de dizer que a variedade métrico-rítmica desses versos, com suas múltiplas divisões e possibilidades de execução, me levou a estudar a maneira por que os metros antigos, em geral, e os horacianos, em particular, foram compreendidos, escandidos e aclimatados a várias línguas modernas[12], com ênfase – claro – na portuguesa[13].

---

[11] Cf., p. ex., Nougaret (1948), Califf (2002), Brooks (2007) e Crusius (2011^8), entre outros.

[12] Cf. Nogueira, "Sob a Batuta de Horácio: Metros Horacianos em Português, Alemão, Italiano e Inglês" (no prelo), lido em **Augustan Poetry: New Trends and Revaluations** em julho de 2015.

[13] Cf. Oliva Neto & Nogueira (2013) e Nogueira (2018).

Tudo somado, o projeto de aclimatar os metros de Horácio ao verso português segundo critérios que explicitarei oportunamente nasceu da confluência entre teoria e prática, pesquisa e poesia, e progrediu vagarosamente, consubstanciando-se nas traduções. Isto significa que as traduções, sua justificativa e comentários técnicos são a parte mais importante deste trabalho – sem desdouro desta introdução teórica, note-se, por breve e concisa que seja. Sendo assim, passemos agora em revista os principais métodos de leitura, escansão e reprodução vernácula de versos latinos, para depois, e só depois, descrever o nosso método, justificá-lo com as traduções e os comentários, e, com base nisso, propor alguns exercícios de ritmo e elocução.

CAPÍTULO II

Medidas Latinas em Verso Português

A perda de sensibilidade à quantidade silábica[1] e as múltiplas possibilidades de escansão e execução das mais variadas sequências rítmicas[2] – o hexâmetro inclusive[3] – caracterizam a versificação latina desde, pelo menos, a Antiguidade tardia, se não dantes[4]. A relação entre, de um lado, a longura e a brevidade das sílabas latinas e, do outro, os tempos marcados ou ictos responsáveis pela feição rítmica dos versos é problema espinhoso que não recebeu, até hoje, apesar de bastante discutido[5], uma resposta definitiva. Escusando-nos, pois, de entrar nesse problema, e considerando, nos versos latinos, apenas e tão-somente a duração das sílabas, o icto ou tempo marcado, e o acento natural dos vocábulos (que, no entanto, seguindo a convenção escolar, executamos em português

---

[1] Cf. SANTO AGOSTINHO, *De Musica* II, i, 1 ss.
[2] Cf. *Ibidem*, IV, xiii, 18-19.
[3] Cf. *Ibidem* V, v, 9 ss.
[4] Cf. NICOLAU (1934).
[5] Cf. ALLEN (1973), pp. 129-199.

como acento expiratório, não melódico[6]), podemos dizer que esses versos têm duas "pautas" distintas e superpostas, a primeira das quais constituída por ictos que imprimem um ritmo determinado a sílabas breves e longas – e esta é a leitura por tempos marcados[7] –, e uma segunda cujo ritmo se

---

[6] Cf. ALLEN (1978), pp. 83-88, em que há fortes argumentos a favor da natureza expiratória, não melódica, do acento latino, inclusive no período clássico. Mas a questão continua em aberto.

[7] Cf., a respeito desse método de leitura, que remonta à Antiguidade tardia, LUQUE MORENO (1999), p. 255: "É o que podemos comprovar na Antiguidade tardia e em épocas posteriores, quando, perdido o sentido da quantidade silábica, os recitadores e sobretudo os professores na escola pretendem comunicar e assinalar a 'medida' dos versos por meio de uma execução artificiosa que arremeda a pronúncia antiga acentuando os tempos marcados; isto, que o gramático Mário Plócio Sacerdote já fazia no final do séc. III d. C., é o que então se continuou a fazer e se faz ainda hoje na recitação dos versos antigos". E também BOLDRINI (2004), pp. 21-22: "Os latinos, ao menos enquanto o sentimento quantitativo da língua prevaleceu sobre outros tipos de percepção, *jamais* leram poesia como nós o fazemos hoje. Este tipo de leitura é uma invenção de quem, não conseguindo mais captar o verdadeiro ritmo do verso latino, fundado na quantidade, tratou de recriá-lo para, assim, diferenciar o traço fônico da poesia do da prosa: desta maneira, literalmente inventou-se uma acentuação métrica que destacava certos elementos do verso mediante a imposição de um icto vocal". Ou seja, a leitura por tempos marcados deriva da leitura artificial praticada nas escolas romanas da Antiguidade tardia, quando, insensível já à quantidade silábica, quem declamasse buscava reproduzir o ritmo dos versos clássicos mediante um icto vocal. Os latinos do período clássico, porém, sensíveis à quantidade silábica como eram, liam poesia como se fosse prosa, mas lhe marcavam o andamento rítmico

produz pela incidência de acentos tônicos numa sucessão de sílabas isócronas, ou quase isócronas – e esta é a leitura por acentos tônicos[8]. Em outros termos, enquanto na primeira o responsável por marcar o ritmo de determinada sequência de sílabas longas e breves é o que chamamos de icto, batida ou tempo marcado, na segunda, por sua vez, é o acento tônico natural das palavras quem dá certa feição rítmica a sílabas de duração mais ou menos igual.

Dessa maneira, o poeta ou tradutor moderno que se proponha a reproduzir um metro latino na sua língua deve antes de tudo e sobretudo escolher que pauta, afinal, se a primeira, a segunda, ou ambas – e, neste caso, em que ordem e privilegiando qual das duas –, pretende reproduzir[9]. Vejamo-lo em maior detalhe.

a) Leitura por tempos marcados ou à alemã[10], atenta sobretudo ao icto das sílabas constantes do verso. Primeiro, temos a ode sáfica II, 8, vv. 1-8, de Horácio, cujos ictos marcamos em negrito, as longas com mácron, as breves

---

com o estalar dos dedos, bater de palmas ou como fosse. Este é o chamado icto mecânico.

[8] Isto é, trata-se, aqui, de ler poesia exatamente como prosa, e, pois, segundo os característicos fonológicos do português, que remontam ao latim vulgar, destacar as tônicas das átonas mediante incremento da força expiratória.

[9] Observe-se que a maior ou menor compreensão que o tradutor ou poeta em causa eventualmente tenha da prosódia e da métrica latina (ou grega) antecede a sua escolha consciente acerca de qual das pautas imitar e reproduzir.

[10] Cf. KLOPSTOCK (1989), pp. 9-21 e Voss (1789), pp. iii-xxiv.

com braquia e o número total de sílabas entre parênteses. Depois, a tradução de Guilherme Gontijo Flores, com as tônicas em negrito, as subtônicas em itálico e o número total de sílabas entre parênteses. Tanto em latim como em português, a principal cesura é assinalada com uma barra vertical.

HORÁCIO, Ode II, 8, vv. 1-8.

Ūllă sī iūrīs | tĭbĭ **pēiĕrātī**	(11)
poēnă, Bārīnē,| nŏcŭīssĕt **ūm**quām,	(11)
dēntĕ sī nīgrō | fĭĕrēs, vĕl **ūn**ō	(11)
tūrpĭŏr **ūn**guī,	(5)
crēdĕrēm: sēd **tū** | sĭmŭl **ōblĭgāstī**	(11)
pērfĭ**dūm** vōtīs | căpŭt, **ēnĭtēs**cīs	(11)
pūlchrĭ**ōr** mūltō,| iŭvĕ**nūm**quĕ **prō**dīs	(11)
pūblĭcă **cū**rā.	(5)

FLORES, Ode II, 8, vv. 1-8, de Horácio.

Se por **teus** per**jú**rios | ao **me**nos **u**ma	(11)
*pu*ni**ção** já **te** | dela**tou**, Ba**ri**ne:	(11)
fosses **fei**a, um **den**te | mais **pre**to ou **bran**ca	(11)
mancha nas **u**nhas,	(5)
eu a**té** cre**ri**a;| po**rém** mal **fa**zes	(11)
com per**fí**dia **teu** | jura**men**to – **bri**lhas,	(11)
só be**le**za, e aos **jo**vens | por **fim** o**fer**tas	(11)
pública an**gús**tia.	(5)

28   O Esmeril de Horácio

Como se pode ver claramente, a estrofe sáfica de Flores reproduz com facilidade, em português, o ritmo latino produzido pelos ictos, e, como o seu objetivo é compor uma estrofe cantável, que tanto possa ser lida em silêncio como efetivamente cantada ao som de lira ou violão, tem igual número total de sílabas, replicando na tradução até a última sílaba do original[11]. Essa mesma facilidade, porém, que lhe confere um andamento cantante e melodioso, sem asperezas nem contrastes, precisamente nisto – a falta de contrastes ou asperezas – se distancia do modelo horaciano, em que os acentos tônicos em tempos não marcados, como *iúris* (v. 1) ou *Baríne* (v. 2), criam uma espécie de segunda voz, distinta da original, e em contraponto com ela. Dessa maneira, se, por um lado, a reprodução vernácula dos ictos latinos é uma estratégia perfeitamente legítima, que, em português, na esteira de Carlos Alberto Nunes, vem sendo empregada por muitos poetas-tradutores ou tradutores-poetas[12], ela não deixa, por isso, – legítima embora – de ser também um tanto quanto parcial, porquanto os ictos não são tudo o que os versos latinos têm, em termos de ritmo, e reproduzi-los, enfim, é só metade da arte.

---

[11] Isto é, Flores traduz as estrofes de Horácio considerando-as não só como composições livrescas, mas também, e preferencialmente, como as letras de canção que possivelmente foram. Por isso impõe-se a reprodução de todas as sílabas dos originais, inclusive as que caem *depois* do último icto. É método autorizado que deve ser levado em conta – embora não seja o nosso.

[12] Cf., para uma lista não exaustiva, Oliva Neto (2014).

b) Leitura por acentos tônicos ou à italiana[13], respeitando apenas e tão-somente o acento natural das palavras no verso, tomadas em prolação contínua. Primeiro, temos agora a famosa ode sáfica dita *Carmen Saeculare*, vv. 1-8, do mesmo Horácio, com as tônicas em negrito, subtônicas em itálico, mácron e braquia respectivamente para as longas e breves, e, entre parênteses, a posição e o número total de tônicas por verso. Depois, lê-se uma curta ode sáfica de Ricardo Reis, com as tônicas em negrito, as subtônicas em itálico, elisões importantes sublinhadas, e entre parênteses a posição e o total de tônicas por verso.

HORÁCIO, *Carmen Saeculare*, vv. 1-8.

Phoebĕ *sīl*vārūmquĕ **pŏ**tēns Dīānă,	(1, 3, 5, 7, 10 = 5)
lūcĭdūm **cae**lī **dĕ**cŭs, **ō** cŏ**lēn**dī	(1, 4, 6, 8, 10 = 5)
sēmpĕr ēt **cūl**tī, **dă**tĕ **quae** prĕ**cā**mūr	(1, 4, 6, 8, 10 = 5)
tēmpŏrĕ **sā**crō,	(1, 4 = 2)
quō Sĭ**bŷl**līnī *mŏ*nŭ**ĕ**rĕ **vēr**sūs	(1, 4, 6, 8, 10 = 5)
vīrgĭnēs **lēc**tās *pŭĕ***rōs**quĕ **cās**tōs	(1, 4, 6, 8, 10 = 5)
dīs, quĭ**būs sēp**tēm *plă*cŭ**ĕ**rĕ **cōl**lēs,	(1, 4, 6, 8, 10 = 5)
dīcĕrĕ **cār**mēn.	(1, 4 = 2)

RICARDO REIS, Ode 86.

Não **sei** de **quem** recordo **meu** passado	(2, 4, 6, 8, 10 = 5)
Que outrem **fui** quando o **fui**, nem **me** conheço	(1, 3, 6, 8, 10 = 5)

---

[13] Cf. D'Ovidio (1910), pp. 323-327.

Como sentindo com minha alma aquela	(1, 4, 6, 8, 10 = 5)
Alma que a sentir lembro.	(1, 3, 6 = 3)

De dia a outro nos desamparamos.	(2, 4, 6, 8, 10 = 5)
Nada de verdadeiro a nós nos une –	(1, 4, 6, 8, 10 = 5)
Somos quem somos, e quem fomos foi	(1, 4, 6, 8, 10 = 5)
Coisa vista por dentro.	(1, 3, 6 = 3)

O número e a distribuição dos acentos tônicos no hendecassílabo sáfico – em geral cinco por verso, caindo, de preferência, na primeira, quarta, sexta, oitava e décima sílaba – não deixa dúvidas acerca da possibilidade de reproduzi-lo, ou recriá-lo, em português, usando-se o ritmicamente rico e variado decassílabo. Essa estratégia tem a vantagem, quiçá, (se é que isto é mesmo vantagem) de imitar muito de perto a acentuação do hendecassílabo sáfico latino sem exigir do tradutor ou poeta lusófono mais que o domínio de um verso tradicional – e talvez mesmo o mais tradicional, ao lado da redondilha – do repertório métrico da língua portuguesa, larga e ininterruptamente utilizado, do século XVI ao atual. E, uma vez que o adônio, ritmicamente, coincide com o início do hendecassílabo sáfico, Ricardo Reis usa um hexassílabo que repete um início de decassílabo, procedendo por analogia. Entre latinizar o verso português ou aportuguesar o latino[14], portanto, Reis escolhe a segunda alternativa. Sem embargo, se atentarmos para o efeito de contraste ou segunda voz

---

[14] Cf., a propósito das duas opções ou estratégias disponíveis ao tradutor cioso do seu ofício, SCHLEIERMACHER (1813).

que, desta feita, têm na pauta acentual as sílabas longas sem acento que caem em tempo marcado – como *lucidúm* e *caelí*, no v. 2 –, concluímos que também Reis, embora engenhoso e elegante, reproduz, afinal, (outra) metade da arte: o que não seria problema nenhum, com certeza, se o seu programa poético não fosse deliberadamente horaciano, e, pois, as suas odes não pretendessem imitar as de Horácio[15].

c) Comparação das leituras. Primeiro, temos a ode II, 8, vv. 1-8 de Horácio, com os ictos em negrito, e entre parênteses a posição e número total de ictos por verso, a qual deve comparar-se com o mesmo passo do *Carmen Saeculare* lido anteriormente – cujas tônicas estão em negrito e as subtônicas em itálico, e a posição e o total de tônicas por verso estão entre parênteses –, o qual se lê na sequência. Segue-se-lhe, em terceiro, a tradução de Flores lida acima, cujas marcações são idênticas às do original que traduz, a qual deve, por fim, comparar-se com a já citada ode de Ricardo Reis, cujas marcações também já citamos. Nos textos latinos, assinalam-se as longas com mácron e as breves com braquia.

HORÁCIO, Ode II, 8, vv. 1-8.

Ūllă sī iūrīs | tĭbĭ **pēiĕrātī**	(1, 3, 5, 8, 10 = 5)
poēnă, Bārīnē,| nŏcŭīssĕt **ūm**quām,	(1, 3, 5, 8, 10 = 5)
dēntĕ **sī nīgrō** | **fĭĕrēs**, vĕl **ūnō**	(1, 3, 5, 8, 10 = 5)
tūrpĭŏr **ūnguī**,	(1, 4 = 2)

---

[15] Cf. LEMOS (1993).

crēdĕrēm: sēd **tū** | sĭmŭl ōblĭgāstī	(1, 3, 5, 8, 10 = 5)
pērfĭ**dūm** vōtīs | căpŭt, ēnĭtēscīs	(1, 3, 5, 8, 10 = 5)
pūlchrĭ**ōr** mūltō,| iŭvĕ**nūm**quĕ **prō**dīs	(1, 3, 5, 8, 10 = 5)
pūblĭcă cūrā.	(1, 4 = 2)

HORÁCIO, *Carmen Saeculare*, vv. 1-8.

Phoēbĕ *sīl*vā**rūm**quĕ **pŏ**tēns Dĭānă,	(1, 3, 5, 7, 10 = 5)
lūcĭdūm caēlī dĕcŭs, ō cŏlēndī	(1, 4, 6, 8, 10 = 5)
sēmpĕr ēt cūltī, dătĕ **quaē** prĕcāmūr	(1, 4, 6, 8, 10 = 5)
tēmpŏrĕ sācrō,	(1, 4 = 2)

quō Sĭbýllīnī *mŏ*nŭĕrĕ **vēr**sūs	(1, 4, 6, 8, 10 = 5)
vīrgĭnēs lēctās *pŭĕ***rōs**quĕ **cās**tōs	(1, 4, 6, 8, 10 = 5)
dīs, quĭbūs **sēp**tēm *plă*cŭĕrĕ **cōl**lēs,	(1, 4, 6, 8, 10 = 5)
dīcĕrĕ cārmēn.	(1, 4 = 2)

FLORES, Ode II, 8, vv. 1-8, de Horácio.

Se por **teus** per**jú**rios | ao **me**nos **u**ma	(1, 3, 5, 8, 10 = 5)
*pu*nição já **te** | dela**tou**, Ba**ri**ne:	(1, 3, 5, 8, 10 = 5)
fosses **fei**a, um **den**te | mais **pre**to ou **bran**ca	(1, 3, 5, 8, 10 = 5)
mancha nas **u**nhas,	(1, 4 = 2)

eu até **cre**ria;| po**rém** mal **fa**zes	(1, 3, 5, 8, 10 = 5)
com perfí**dia** **teu** | jura**men**to – **bri**lhas,	(1, 3, 5, 8, 10 = 5)
só be**le**za, e aos **jo**vens | por **fim** o**fer**tas	(1, 3, 5, 8, 10 = 5)
pública an**gús**tia.	(1, 4 = 2)

RICARDO REIS, Ode 86.

Não **sei** de **quem** recordo **meu** passado (2, 4, 6, 8, 10 = 5)
Que outrem **fui** quando o **fui**, nem **me** conheço (1, 3, 6, 8, 10 = 5)
Como sen**ti**ndo **com** mi**nha al**ma a**que**la (1, 4, 6, 8, 10 = 5)
Alma **que a** sentir **lem**bro. (1, 3, 6 = 3)

De dia a **ou**tro **nos** de*sam*paramos. (2, 4, 6, 8, 10 = 5)
Nada de *ver*da**dei**ro a **nós** nos **u**ne – (1, 4, 6, 8, 10 = 5)
Somos quem **so**mos, **e** quem **fo**mos **foi** (1, 4, 6, 8, 10 = 5)
Coisa **vis**ta por **den**tro. (1, 3, 6 = 3)

Comparando, em latim, a pauta dos ictos com a dos acentos, tem-se que a primeira, a oitava e a décima sílaba quase sempre são tônicas que caem no tempo marcado. Ou seja, quer a leitura destaque os ictos do verso, quer os acentos tônicos dos vocábulos, essas sílabas em regra não causam efeito contrastante nenhum, de vez que, numa leitura por tempos marcados, o icto dessas três sedes coincide com um acento tônico, e, numa leitura por tonicidade, a força expiratória dessas sílabas cai, a cada vez, num icto – a primeira e a décima sempre, e a oitava quase sempre. Logo, independentemente do padrão acentual que se queira seguir (o dos meros ictos ou o dos acentos tônicos), a real dificuldade – e a rara qualidade – de certas adaptações modernas da estrofe sáfica estaria em simular, por meio de crases, elisões, sinéreses e vários expedientes afins, o efeito contrastante da que chamamos segunda voz, e que, no caso da leitura por tempos marcados, são os acentos tônicos que caem fora do icto, e, no caso da leitura por tonicidade, são os ictos que não coincidem com as sílabas tônicas: ictos na terceira e na quinta, *versus* quarta e sexta sílabas acentuadas. Simulação ou sugestão que, a propósito, Pascoli chama de ritmo reflexo, e que, segundo ele, é a marca distintiva das melhores reproduções modernas de metros antigos – ou, numa palavra, é a marca distintiva das *Odi Barbare* de Carducci[16], modelo das recentíssimas de Geoffrey Hill[17], das quais veremos um excerto no item e).

Quanto ao Horácio de Flores e aos sáficos de Reis, embora sejam bem-sucedidas reproduções da pauta dos ictos e da dos acentos, respectivamente, vimos que não levam em conta os efeitos contratantes da chamada segunda voz (diferente em cada caso), e, portanto, são bem-sucedidas, mas parciais.

d) Leitura por acentos tônicos levando em conta o efeito contrastante dos ictos não acentuados. Primeiro, o mesmo trecho da ode II, 8, de Horácio, com as tônicas sublinhadas e os ictos não coincidentes com acento de palavra em negrito; mácron para as longas e bráquia para as breves. Segundo, as

---

[16] Cf. PASCOLI (2002), p. 239: "Os versos de Carducci, embora compostos de séries e hemistíquios vernáculos, têm a virtude de sugerir ao nosso espírito a lembrança dos antigos. Estes outros, tão regulares, nos farão no máximo lembrar de Ovídio; no máximo; – mas nem sequer Ovídio, porque a sucessão contínua de um heptassílabo, eneassílabo e pentassílabo, ou a de heptassílabo e outro heptassílabo, nos contenta assim: como uma estrofe vernácula qualquer. Contenta-nos assim, e nós ficamos aquém de Ilisso e do mar Egeu, e a estranhas plagas já não navegamos. Falta àquelas estrofes o 'ritmo reflexo'".

[17] Cf. HILL (2012).

duas primeiras estrofes de "A Batalha de Waterloo", de Vicente Pedro Nolasco da Cunha, cujas sílabas responsáveis pelo andamento rítmico do poema também se sublinham, e também se marcam em negrito as que buscam reproduzir, em português, a contrastante segunda voz dos ictos fora do acento, em latim. Lá como cá, uma barra vertical assinala a cesura.

HORÁCIO, Ode II, 8, vv. 1-8.

Ūllă sī iūrīs | tĭbĭ pēiĕrātī
poēnă, **Bărīnē**,| nŏcŭīssĕt ūmquām,
dēntĕ sī nīgrō | fĭĕrēs, vĕl ūnō
tūrpĭŏr ūnguī,

crēdĕrēm: sēd **tū** | sĭmŭl ōblĭgāstī
pērfĭdūm vōtīs | căpŭt, ēnĭtēscīs
pūlchrĭōr mūltō,| iŭvĕnūmquĕ prōdīs
pūblĭcă cūrā.

NOLASCO, "A Batalha de Waterloo", vv. 1-8

Manto, **que as** noites afeaste d'Elba
co'as **negras** cores do medonho Averno,
de horrores quantos, lacerado abriste,
cena tremenda!

Tu sazonaste o tenebroso plano
que infame jugo às gerações traçava; –
sem que **te** obtassem reunida força,
próvida liga.

36 O Esmeril de Horácio

A estrofe sáfica nas mãos de Nolasco é um constructo refinadíssimo, porque, além de reproduzir com perícia, elegância e exatidão o padrão acentual mais recorrente do hendecassílabo sáfico (isto é, tônica na primeira, quarta, sexta, oitava e décima sílaba), o autor não descura a segunda voz dos ictos não coincidentes com acento de palavra, os quais logra sugerir, já por sinalefa, como em *que as* (v. 1), *sazonaste o* (v. 5), *jugo às* (v. 6) e ***te obs**tassem* (v. 7); já por sílaba fechada, como em *noites* (v. 1), *cores* (v. 2), *quantos* (v. 3) e *obstassem* (v. 7) de novo; já, finalmente, por tônica que o engaste ou padrão rítmico[18] do verso transformou em subtônica – uma espécie de sístole intervocabular, portanto –, como em **negras** (v. 2), **horrores** (v. 3) e **infame** (v. 7) –

---

[18] Cf. GARCÍA CALVO, *op. cit.*, p. 372. O engaste, padrão ou modelo rítmico, segundo García Calvo, é a pauta rítmica abstrata que antecede e subjaz a qualquer realização concreta em tais ou quais versos. É o que permite, por exemplo, dizer que os versos praticamente idênticos de *Sátiras* II, 3, v. 264 de Horácio ("Exclusit; revocat: redeam? Non, si obsecret. Ecce.") e *Eunuco* v. 49 de Terêncio ("Exclusit; revocat: redeam? Non si me obsecret.") são, aquele, um hexâmetro, este, um senário iâmbico, enfim. Nas palavras do poeta e erudito espanhol: "... a distribuição sucessiva de classes, idêntica em ambos os casos, das dez primeiras sílabas não impõe nem revela a escansão rítmica que a série receberá de fato, nem tampouco indica o tipo de metro, de tempos binários ou ternários, que lhe corresponde, mas serve de base para as duas escansões contraditórias e para os dois tipos de metro; de modo que apenas pelo **engaste do verso**, respectivamente, na série de hexâmetros dactílicos própria do *sermo* horaciano, ou na de senários iâmbicos própria de uma cena da *paliata*, é que a escansão se determina [...]". Grifo nosso.

as quais, embora na segunda, não na terceira sede, como em latim, cumprem, no entanto, muito bem a função de segunda voz. Quanto ao adônio, a inexistência de contraste não causa maiores problemas à sua reprodução em língua moderna.

e) Leitura por ictos levando em conta o efeito contrastante dos acentos tônicos que caem fora do tempo marcado. Primeiro, um dos sólitos trechos de Horácio que vimos lendo, com os ictos em negrito e as tônicas fora deles sublinhadas, longas com mácron e breves com braquia. Segundo, as duas primeiras estrofes de uma das *Odi Barbare* de Geoffrey Hill, com as sílabas que marcam o andamento rítmico em negrito agora, e sublinhadas as que, fazendo de segunda voz, correspondem às tônicas fora do tempo marcado, no latim. Lá como cá, cesura com barra vertical.

> HORÁCIO, Ode II, 8, vv. 1-8.
>
> **Ūl**lă **sī** i̱ū**rīs** | ṯĭ**bī pē**ĭĕ**rātī**
> **poē**nă, **Bā**ṟi**nē**,| nŏcŭĭssĕt **ūm**quām,
> **dēn**tĕ **sī** ni̱**grō** | fi̱ĕ**rēs**, vĕl **ū**nō
> **tūr**pĭŏr **ūn**guī,
>
> **crē**dĕ**rēm**: sĕ̱d **tū** | si̱mŭl ō**blĭ**gāstī
> **pēr**fĭ**dūm** vō̱**tīs** | cӑ̱pŭt, ē**nĭ**tēscīs
> **pūl**chrĭōr mū̱l**tō**,| iŭvĕ**nūm**quĕ **prō**dīs
> **pū**blĭcă **cū**rā.

GEOFFREY HILL, *Odi Barbare* IV, vv. 1-8.

Have I **cloned** Ho**race** | **or** re**duced** my**self** to
Weeping plas**ma**? Ne**ver** | a**gain** so **right**ly,
Not a**gain** those '**mar**|**vel**lous **ear**ly **poems**'
Lately ac**know**ledged

How the **sea**-light**ning** | with a **flash** at **haz**ard
Cleft the lan**ter**ned **yard** | into **pelt**ing **ang**les.
Had we **been** there, **had** | you then **turned** towards me,
By this re**mem**bered...¹⁹

Tão ou mais refinada que a estratégia de Nolasco é a de Geoffrey Hill: com efeito, ao reproduzir em inglês os tempos marcados do latim – que, no caso do hendecassílabo sáfico, caem regularissimamente na primeira, terceira, quinta, oitava e décima sílaba –, Hill não passou por alto as sílabas tônicas fora do icto, e, pois, recriou o seu efeito contrastante, seja com sílaba tônica, como em *Hórace* (v. 1), *ór* (v. 1), *thóse* (v. 3), *sea-líghtning* (v. 5), *wíth* (v. 5), *ínto*

---

[19] Reproduzo Horácio ou não passo aqui de
plasma em pranto? Nunca tão certo mais,
nem os de ontem hoje reconhecidos
"lindos poemas".

Qual marinho raio, rajando ao léu, ra-
-chou o quintal aceso em pontudas quinas...
Ah nós dois ali, ah se tu me olhasses,
fotossensível.

(v. 6), *thére* (v. 7) e *yóu* (v. 7), seja com sílaba fechada, como em *Ne<u>v</u>er* (v. 2) e *mar<u>v</u>ellous* (v. 3), seja, enfim, com a pausa imposta ao andamento do verso pelo ponto de interrogação, como em *plas<u>ma</u>?* (v. 2), expediente este simplesmente engenhosíssimo. O adônio – porque não tem segunda voz – não apresenta grandes dificuldades.

Dessa maneira, partindo do que Geoffrey Hill fez em inglês, pode-se pensar num verso português que reproduza os ictos latinos dos mais distintos metros sem, contudo, descurar o efeito de contraste causado pelos acentos tônicos que caem fora dos tempos marcados.
É o que tentamos realizar neste livro.
Realizando-o ou não, porém, esperamos ao menos mostrar em detalhe um pouco das vicissitudes e problemas técnicos da composição de poesia ao estampar e comentar nossas traduções – o que, de uma maneira ou de outra, redunda em abrir a oficina do poema para o neófito e o interessado, e em discutir questões essenciais que raras vezes são discutidas nos tratados de métrica. Porque, se a poesia é uma arte, ela evidentemente tem regras, e a diferença entre quem as conhece e quem as ignora é a mesma que há, por exemplo, entre quem sabe música e quem toca de ouvido, ou canta de ouvido. Se há gente que toca lindamente ou canta lindamente sem saber música? Claro que há. Mas nunca serão Paganini ou Caruso – a menos que aprendam música, enfim. E em poesia é igual: saber as regras distingue o medíocre do ruim, o bom do medíocre, e o excelente do bom, segundo o pouco, o algum e o muito talento que tenham, respectivamente.

Agora, a fim de poder apreciar como convém os característicos métricos, prosódicos e elocutórios de nossas traduções, e assim preparar-se para os exercícios, passemos em revista um pouco da história da ode em português, do século XVI ao XXI, concentrando-nos em alguns de seus momentos mais significativos.

Capítulo III

Da Ode em Português

Foi a famosa "Ode ad Florem Gnidi" do poeta espanhol Garcilaso de la Vega (1498-1536), cujo primeiro verso termina com o vocábulo "lira", que inaugurou a fecundíssima estrofe homônima na poesia espanhola e portuguesa – estrofe essa que, além de veículo privilegiado dos elevados transes místicos de São João da Cruz em seus inefáveis "Noche Oscura del Alma" e "Cántico Espiritual", foi utilizada também, entre outros poetas célebres, pelo frei Luis de León, em suas imitações de Horácio, pelo doutor Antônio Ferreira, cognominado o Horácio português, e, *last but not least*, pelo (nas palavras de Cervantes) "excelentíssimo Camões", em algumas de suas odes.

A despeito das enormes diferenças de dicção e, em última análise, perícia técnica de tais poetas entre si, irmana-os e unifica-os a circunstância privilegiada de que, em espanhol e português, a lira de Garcilaso (e suas variações) foi desde muito cedo tomada por equivalente convencional das estrofes horacianas, o que talvez explique por que, do século XVI até hoje, a esmagadora maioria das autodenominadas odes, em português e espanhol, consta de variação mais ou menos engenhosa, mas quase sempre previsível, de decassílabo com hexassílabo, rimados ou não. Nas palavras de Guerrero[1]:

> A razão disso é a prática peculiar dos poetas espanhóis [e também portugueses], que facilitava o reconhecimento das imitações do lirismo antigo e permitia distingui-las, sem maiores dúvidas, dos poemas de origem medieval. É que a ode espanhola [como a portuguesa], de Garcilaso a frei Luis de León, apresenta uma estrutura estrófica, métrica e rítmica regular que constitui o traço textual por excelência de sua natureza hipertextual e que lhe serve de marca inequívoca de identidade. Trata-se da famosa 'lira', estrofe de cinco versos, dois decassílabos e três hexassílabos, com apenas duas rimas (a B a b B).

Conquanto Guerrero simplifique demasiado um estado de coisas mais diversificado e mais dinâmico – uma vez que não apenas a lira, senão estrofes de seis, sete ou mais versos singelamente decalcadas dela ou a ela aparentadas é que, aí sim, constituem na sua inteireza esse, digamos, momento inicial da introdução da ode horaciana na poesia ibérica –, tal simplificação se compreende, afinal, e talvez não passe de justa homenagem ao pioneirismo de Garcilaso, ou até didática redução da multiplicidade dos fenômenos a uma estância deveras singular, e que tanta fortuna teria nas letras lusas e castelhanas. Simplificações à parte, porém, leiamos agora uma lira *sensu stricto* e uma variação dela – ambas imitações de Horácio –, de autoria de Luís de Camões e de Antônio Ferreira, respectivamente:

---

[1] (1998), pp. 122-123.

CAMÕES, Ode IX

Fogem as neves frias
dos altos montes, quando reverdecem
as árvores sombrias;
as verdes ervas crescem,
e o prado ameno de mil cores tecem.

Zéfiro brando espira;
suas setas Amor afia agora;
Progne triste suspira
e Filomela chora;
o Céu da fresca terra se namora.

Vai Vênus Citereia
com os coros das Ninfas rodeada;
a linda Panopeia,
despida e delicada,
com as duas irmãs acompanhada.

Enquanto as oficinas
dos Ciclopes Vulcano está queimando,
vão colhendo boninas
as Ninfas e cantando,
a terra co ligeiro pé tocando.

Desce do duro monte
Diana, já cansada da espessura,
buscando a clara fonte
onde, por sorte dura,
perdeu Acteon a natural figura.

Assi se vai passando
a verde Primavera e o seco Estio;
trás ele vem chegando
despois o Inverno frio,
que também passará por certo fio.

Ir-se-á embranquecendo
com a frígida neve o seco monte;
e Júpiter, chovendo,
turbará a clara fonte;
temerá o marinheiro a Orionte.

Porque, enfim, tudo passa;
não sabe o tempo ter firmeza em nada;
e nossa vida escassa
foge tão apressada
que, quando se começa, é acabada.

Que foram dos Troianos
Heitor temido, Eneias piadoso?
Consumiram-te os anos,
ó Cresso tão famoso,
sem te valer teu ouro precioso.

Todo o contentamento
crias que estava no tesouro ufano?
Ó falso pensamento
que, à custa de teu dano,
do douto Sólon creste o desengano!

O bem que aqui se alcança
não dura, por possante, nem por forte;
que a bem-aventurança
durável de outra sorte
se há de alcançar, na vida, para a morte.

Porque, enfim, nada basta
contra o terrível fim da noite eterna;
nem pode a deusa casta
tornar à luz superna
Hipólito, da escura noite averna.

Nem Teseu esforçado,
com manha nem com força rigorosa,
livrar pode o ousado
Pirítoo da espantosa
prisão leteia, escura e tenebrosa.

FERREIRA, Ode I

Fuja daqui o odioso
profano vulgo, eu canto
as brandas Musas, a uns espritos dados
dos Céus ao novo canto
heroico, e generoso
nunca ouvido dos nossos bons passados.

Neste sejam cantados
altos Reis, altos feitos,

costume-se este ar nosso à Lira nova.
Acendei vossos peitos,
engenhos bem criados
do fogo, que o Mundo outra vez renova.

Cada um faça alta prova
de seu esprito em tantas
portuguesas conquistas, e vitórias,
de que ledo te espantas,
Oceano, e dás por nova
do Mundo ao mesmo Mundo altas histórias.

Renova mil memórias,
língua aos teus esquecida,
ou por falta de amor ou falta de arte;
sê para sempre lida
nas Portuguesas glórias,
que em ti a Apolo honra darão, e a Marte.

A mim pequena parte
cabe inda do alto lume
igual ao canto: o brando Amor só sigo
levado do costume.
Mas inda em alguma parte,
ah Ferreira, dirão, da língua amigo!

 Não me cabe aqui fazer análise detida dessas odes, o que foge ao escopo deste trabalho – mas ainda assim é preciso dizer que uma sua consideração apenas superficial nos mostra já a suavidade do ritmo e a engenhosíssima solução de Camões, que numa única ode logrou imitar duas outras de Horácio (I, 4 e IV, 7)[2], ao passo que em Ferreira o ritmo é áspero e solene, e sua imitação da ode III, 1, um sentencioso exercício de poética[3]. Mas isso não importa: importa, sim, a circunstância decisiva de que a ode lusitana do século XVI possui rasgos métricos, rímicos, estróficos e elocutórios que nos facultam reconhecê-la à mais leve batida de olho – e, o que é mais, o facto de que o século XVII não quererá ou não ousará alterar essa circunstância (como o exemplificam as odes de Francisco Manuel de Melo, talvez o máximo poeta luso do período[4]), a qual bem poderia resumir-se, por fim, com o sintagma "lira e variações".

A suma importância de Pedro Antônio Correia Garção – um dos fundadores da Arcádia Lusitana, em meados do século XVIII – para a história da ode portuguesa está em havê-la libertado da necessidade da rima e, o que é ainda mais notável, em não se haver restringido à monótona combinação de decassílabo com hexassílabo, imitando, por exemplo, de perto, em odes a que deliberadamente chamou

---

[2] Cf. VASCONCELLOS (2002-2003).

[3] Convém observar que a versificação de Ferreira, em que o sentido escultural da forma é por demais evidente, antecipa, nisto, a dos árcades e parnasianos – dos quais, porém, se distingue por aplicar uma técnica essencialmente latina (aprendida de Horácio) à sua matéria verbal. Eis por que, com toda a razão, Ferreira é chamado de "o Horácio português".

[4] Cf., p. ex., (1665) VI, pp. 143-144.

sáficas e alcaicas[5], o número e a incidência dos acentos tônicos de suas equivalentes horacianas[6]. Leiamos, respectivamente, um trecho de ode sáfica e outro de uma alcaica de Garção, antecedidos, a cada vez, pelo inescapável modelo horaciano (em latim e em português, tônicas em negrito; posição das sílabas acentuadas e número total de acentos por verso indicados entre parênteses).

HORÁCIO, Ode IV, 2, vv. 1-12.

Pindarum **quis**quis **stu**det aemu**la**ri,   (1, 4, 6, 10 = 4)
Iulle, ce**ra**tis **o**pe Daeda**le**a   (1, 4, 6, 10 = 4)
nititur **pin**nis, **vi**treo da**tu**rus   (1, 4, 6, 10 = 4)
nomina **pon**to.   (1, 4 = 2)

Monte de**cur**rens **ve**lut **am**nis, **im**bres   (1, 4, 6, 8, 10 = 5)
quem super **no**tas aluere **ri**pas,   (1, 4, 8, 10 = 4)
fervet inmen**sus**que **ru**it pro**fun**do   (1, 5, 7, 10 = 4)
Pindarus **o**re,   (1, 4 = 2)

laurea do**nan**dus Apolli**na**ri,   (1, 5, 10 = 4)
seu per **au**dacis **no**va dithy**ram**bos   (1, 4, 6, 10 = 4)
verba de**vol**vit nume**ris**que **fer**tur   (1, 4, 8, 10 = 4)
lege so**lu**tis [...].   (1, 4 = 2)

---

[5] Cf. GARÇÃO (1778), pp. 75-79; 84-89.
[6] Este método de composição se baseia na leitura por acentos tônicos, que analisamos no item d) da seção anterior. Cf. acima pp. 35-38.

GARÇÃO, Ode VI, vv. 1-12 (Sáfica).

Vê, **Sí**lvio, **co**mo sacu**di**ndo o in**ver**no	(2, 4, 8, 10 = 4)
As **ne**gras **a**sas, **sol**ta a **gros**sa chu**va**!	(2, 4, 6, 8, 10 = 5)
Cobre os ou**tei**ros das er**gui**das **ser**ras	(1, 4, 8, 10 = 4)
Úmida **né**voa!	(1, 4 = 2)

Na **lon**ga **cos**ta **bra**da o **mar** i**ra**do	(2, 4, 6, 8, 10 = 5)
Sobre os ca**cho**pos; borbo**tões** de es**pu**ma	(1, 4, 8, 10 = 4)
Erguem as **on**das; as cru**éis** ca**be**ças	(1, 4, 8, 10 = 4)
Na água ne**gre**jam.	(1, 4 = 2)

O **fri**o **No**to, **rí**gido so**pran**do,	(2, 4, 6, 10 = 4)
Dobra os ul**mei**ros, os cur**rais** der**ru**ba:	(1, 4, 8, 10 = 4)
E o **ga**do **jun**to, **pá**vido ba**lan**do,	(2, 4, 6, 10 = 4)
Une os fo**ci**nhos. [...]	(1, 4 = 2)

HORÁCIO, Ode I, 9, vv. 1-12.

Vides ut **al**ta **stet** nive **can**didum	(1, 4, 6, 9 = 4)
So**rac**te **nec** iam sus**ti**neant **o**nus	(2, 4, 7, 10 = 4)
silvae labo**ran**tes ge**lu**que	(1, 5, 8 = 3)
flumina consti**te**rint a**cu**to?	(1, 5, 9 = 3)

dis**sol**ve **fri**gus **lig**na super **fo**co	(2, 4, 6, 10 = 4)
large re**po**nens **at**que be**nig**nius	(1, 4, 6, 9 = 4)
de**pro**me **qua**drimum Sa**bi**na,	(2, 5, 8 = 3)
o Tha**li**arche, **me**rum di**o**ta.	(4, 6, 9 = 3)

permitte divis cetera, qui simul	(2, 4, 6, 10 = 4)
stravere ventos aequore fervido	(2, 4, 6, 9 = 4)
deproeliantis, nec cupressi	(4, 6, 8 = 3)
nec veteres agitantur orni. [...]	(2, 7, 9 = 3)

GARÇÃO, Ode XI, vv. 1-12 (Alcaica).

Se já ouviste, Sílvio magnânimo,	(2, 4, 6, 9 = 4)
A minha pobre, rústica cítara,	(2, 4, 6, 9 = 4)
Poucos, mas novos versos	(1, 4, 6 = 3)
Ouve com rosto plácido.	(1, 4, 6 = 3)
Ouve; que aos versos famosos títulos	(1, 4, 7, 9 = 4)
Devem Eneias, Deifobo e Príamo;	(1, 4, 7, 9 = 4)
Deve Ulisses prudente,	(1, 3, 6 = 3)
Deve Aquiles indômito.	(1, 3, 6 = 3)
O luso Gama nunca tão célebre	(2, 4, 6, 9 = 4)
Fora no Mundo, só porque impávido	(1, 4, 6, 9 = 4)
Os mares não sulcados	(2, 4, 6 = 3)
Cortou cos lenhos côncavos [...].	(2, 4, 6 = 3)

Dedicadas ao consócio da Arcádia Manuel Pereira de Faria, que tanto lá como cá aparece sob a máscara de Sílvio, pode-se dizer que ambas as odes são programáticas e, como já fizera Camões, imitam engenhosa e habilissimamente vários outras do mestre Horácio[7]. Ora, inde-

---

[7] Cf. PEREIRA (1957).

pendentemente da origem do moderno decassílabo, que segundo uns deriva do hendecassílabo sáfico[8], mas segundo outros provém do trímetro iâmbico[9], o que claramente se percebe na ode sáfica de Garção é a fidelidade com que reproduz o padrão acentual do modelo, variando-o, porém, segundo a melhor tradição vernácula, ao evitar sétima sílaba tônica (a qual nem em latim é tão comum), e acentuar a segunda sílaba[10]; já o adônio é facilmente reproduzível por um tetrassílabo português. Quanto à ode alcaica e a interessantíssima solução do Córidon Erimanteu, diga-se, primeiro, que a disposição dos acentos tônicos no hendecassílabo alcaico – tal como no sáfico – deixa-se facilmente reproduzir em português mediante um eneassílabo de acentuação mais ou menos variada e final esdrúxulo, verso esse, no entanto, suficientemente raro, em nossa língua, para justificar a pecha de ousado. Já o padrão acentual do eneassílabo e do decassílabo alcaicos Garção não imitou tão de perto assim, abandonando a pretensão de seguir a incidência de seus acentos tônicos, mas preservando, por outro lado, o número total de acentos por verso. Dessa maneira, tanto o eneassílabo como o decassílabo do modelo Garção reproduziu com um hexassílabo vernáculo de idêntico desenho rítmico, mas final diverso – o primeiro grave, o segundo esdrúxulo –,

---

[8] Cf. *passim* D'OVIDIO, *op. cit.*
[9] Cf. GARCÍA CALVO (2011), pp. 1586-1602
[10] Cf. a prática de Camões – sumo poeta da língua e modelo declarado dos árcades –, que só raras vezes, n' *Os Lusíadas*, admite acento na sétima do decassílabo.

produzindo um dístico harmônico cujo fim proparoxítono ecoa o dos primeiros dois versos do quarteto e, pois, colabora com a originalíssima consonância do conjunto todo, que é em tudo e por tudo uma rara e pioneira exceção na (em regra) monocórdica história da ode portuguesa[11]. Ou seja, ao seguir de muito perto o hendecassílabo alcaico, mas, para o eneassílabo e o decassílabo, propor equivalências de outra ordem, que evitam a cópia mecânica e literalista e levam em conta a tradição, a harmonia e a versificação propriamente vernáculas, Garção acabou por fundir dois métodos ou sistemas distintos de reprodução de medidas antigas em línguas modernas – a saber, o que privilegia a língua de saída, buscando aclimatar-lhe a versificação à de chegada, e aquele que tem o foco nesta última, vasculhando-lhe o repertório à procura de equivalências, digamos, "macroestruturais" (como, por exemplo, traduzir o hexâmetro, metro da épica antiga, pela igualmente épica oitava-rima, em português)[12].

As odes de Filinto Elísio[13] e as traduções de Horácio assinadas por Elpino Duriense[14] e José Agostinho de Macedo[15] – mais a desmilinguida prática de mil árcades tardios, século XIX adentro, no Brasil e em Portugal – testemunham a já mencionada monofonia das odes vernáculas, e a esmagadora preponderância da combinação de decassílabo com

---

[11] O próprio Garção, das suas vinte e cinco odes, só fez duas alcaicas.
[12] Cf. THAMOS, op. cit. E também OLIVA NETO (2007).
[13] Cf. passim FILINTO ELÍSIO (1817).
[14] Cf. passim ELPINO DURIENSE (1807).
[15] Cf. passim MACEDO (1806).

hexassílabo sobre outras composições igualmente possíveis e certamente mais interessantes, em português. Com isso, porém, não pretendemos nivelar os desníveis nem muito menos igualar as diferenças entre os numerosos medíocres, os vários bons e os sempre poucos muito bons poetas que escreveram depois de Garção e antes de Garrett, entre os quais Filinto, Gonzaga e Bocage evidentemente se destacam. Ora, supondo que "lira", em Gonzaga (poeta culto que não ignoraria a história ibérica do termo, e sua equivalência convencional com a ode horaciana), possa tomar-se por sinônimo de ode[16], tem-se que tanto ele quanto Bocage e Filinto são perfeitos cultores e renovadores genuínos da ode lusitana, a qual dotam de um humor, uma leveza, uma graça e, no caso de Gonzaga e Bocage, de uma variação métrica, estrófica e rímica até então inauditos, neste gênero de versos. Leiamos, pois, a propósito, uma ode de Filinto, uma lira de Gonzaga e uma ode anacreôntica de Bocage, refletindo, em seguida, sobre a novidade que representam, na história da ode em português:

---

[16] Cf. Osório (1979), pp. 419-420: "Notemos que as composições de Gonzaga vêm sempre designadas por liras, independentemente da sua estrutura rítmica e métrica; é assim que os sonetos incluídos na III parte são também designados por liras. [...] Efetivamente, se excetuarmos os sonetos, que de resto pouco importam para a história de Dirceu e Marília, dificilmente se encontrarão duas composições absolutamente iguais, pois que, utilizando a ode pindárica, sáfica e anacreôntica, podia jogar com o número de estrofes, com o número de versos por estrofe e de sílabas por verso, e obter assim uma larga diversidade de composições com uma grande economia de meios formais".

FILINTO ELÍSIO, Ode

Pede, pede (me disse Jove um dia,
Quando teve acabado o seu despacho,
E dado ordens ao mundo);
Era dia de festa, e de alegria,
Em que de Juno não sofreu o empacho
Nem seus zelos sem fundo.
– Pede riquezas, pede impérios, pede
Ciências, artes, honras, formosura;
De tudo tenho a rodo. –
Senhor Jove, que em dons se assim desmede,
Grato a sua mercê: tanta ventura
Não quadra cá a meu modo.
Nasci sem ambição. A ter vinte anos,
Pedira uma *muchacha* graciosa,
Mansa como um borrego:
Mas fiz sessenta e cinco; se entre humanos
Dum amigo me deu joia preciosa,
Que ma salve o encarrego.

GONZAGA, Lira I, 23

Num sítio ameno
Cheio de rosas,
De brancos lírios,
Murtas viçosas;
Dos seus amores
Na companhia
Dirceu passava
Alegre o dia.

Em tom de graça
Ao terno amante
Manda Marília
Que toque, e cante.
Pega na lira,
Sem que a tempere,
A voz levanta,
E as cordas fere.
Cos doces pontos
A mão atina,
E a voz iguala
À voz divina.
Ela, que teve
De rir-se a ideia,
Nem move os olhos
De assombro cheia:
Então cupido
Aparecendo,
À Bela fala
Assim dizendo:
"Do teu amado
A lira fias,
Só porque dele
Zombando rias?
Quando num peito
Assento faço,
Do peito subo
À língua, e braço.
Nem creias que outro
Estilo tome,
Sendo eu o mestre,
A ação teu nome".

BOCAGE, Ode Anacreôntica

Do vasto abismo
Do eterno horror
Surgiu a Angústia
De negra cor.

Logo após ela
Veio o Queixume,
E o delirante,
Feroz Ciúme.

Determinavam
Em crua guerra
De pranto e sangue
Banhar a terra.

Eis que Amarílis,
Ídolo meu,
Entre mil Graças
Lhe apareceu.

Ó milagroso
Dom da Beleza!
No mesmo instante
Riu-se a Tristeza;

O agro Lamento
Mudo ficou;
Só o Ciúme
Desesperou.

Falemos primeiro de Filinto, que, se por um lado não abandona a solenidade sentenciosa e a sintaxe alatinada do seu mestre Garção – nem muito menos os fatais decassílabos ensartados de hexassílabos –, por outro enriquece e moderniza a ode lusa com um quê de picante, lascivo, brejeiro, que decisivamente prefigura a voga anacreôntica[17] representada por Gonzaga e Bocage, entre outros tantos: de facto, se o final do poema é mais ou menos sisudo e convencional (em que o poeta ancião incumbe Jove de lhe conservar um amigo, se é que o tem), o pedido hipotético da amásia, manceba ou concubina ("A ter vinte anos / Pedira uma *muchacha graciosa*") é sadiamente desestabilizador, e abala, mediante o ridículo, a já então gastíssima graveza da ode, na poesia portuguesa. Quanto a Gonzaga e Bocage, o uso – nesses exemplos – de um tetrassílabo rimado de andamento iâmbico, a concisão vocabular, a claríssima sintaxe mais paratática que subordinativa, e o assunto leve, para não dizer leviano, conferem inegável modernidade a essas suas composições, que antecipam, aqui e ali, certas odes de Ricardo Reis, e envigoram o classicismo latinizante da escola de Garção com um viço propriamente castiço e genuína graça vernácula.

Se da ode horaciana (e sua correspondente portuguesa) as revolucionárias *Odes Modernas* de Antero de Quental mantêm sobretudo o carácter gnômico, desenvolvendo-lhe a tendência filosofante em sistema poético-filosófico totalizante e original[18], a versificação utilizada pelo autor – com

---

[17] Sobre a voga anacreôntica na poesia portuguesa do século XVIII, cf. *passim* PEREIRA (1972).
[18] Cf. QUENTAL (1865).

ênfase nos longos poemas reflexivos em decassílabo branco – corta o antigo laço entre forma estrófica e denominação genérica (como o que atava, por exemplo, a lira à ode), abrindo a possibilidade de que virtualmente qualquer estância e qualquer tipo de verso possam integrar uma ode, que, doravante, sem nenhuma exclusividade métrica ou elocutória que a distinga, se define como tal pelo assunto que versa – o qual, por sua vez, filosófico no sentido preciso em que as odes romanas de Horácio (odes III, 1-6) são filosóficas, é nada mais nada menos que assunto cívico e moral a ligar a moderna ode com a antiga e assim garantir a sobrevivência do gênero. Veja-se, por exemplo, o exórdio do longo poema "Vida", que Antero dedica precisamente "a uns políticos", e em que a romaníssima palavra "Fórum" trai o gênero e a tradição que o autor reclama para os seus poemas:

> Por que é que combateis? Dir-se-á, ao ver-vos,
> Que o Universo acaba aonde chegam
> Os muros da cidade, e nem há vida
> Além da órbita onde as vossas giram,
> E além do Fórum já não há mais mundo!
>
> Tal é o vosso ardor! tão cegos tendes
> Os olhos de mirar a própria sombra,
> Que dir-se-á, vendo a força, as energias
> Da vossa vida toda, acumuladas
> Sobre um só ponto, e a ânsia, o ardente vórtice,
> Com que girais em torno de vós mesmos,
> Que limitais a terra à vossa sombra...
> Ou que a sombra vos toma a terra toda!

Em face da modernidade de Antero, e do carácter revolucionário de suas *Odes Modernas,* força é convir que o Ricardo Reis de Fernando Pessoa parece ser um restaurador – ao menos à primeira vista. Com efeito, a esmagadora maioria das odes de Reis tem decassílabo com hexassílabo, vocabulário classicizante e sintaxe alatinada, na mesmíssima (e surrada) esteira da velha ode lusa desde pelo menos Garção, para não dizer desde Camões – característicos esses, contudo, que, tradicionais embora, o poeta logra modernizar mediante a prodigiosa faculdade de raciocínio que lhe singulariza o engenho[19]. Senão vejamos (Livro I, ode 20):

Cuidas, ínvio, que cumpres, apertando
Teus infecundos, trabalhosos dias
Em feixes de hirta lenha,
Sem ilusão a vida.

A tua lenha é só peso que levas
Para onde não tens fogo que te aqueça.
Nem sofrem peso aos ombros
As sombras que seremos.

---

[19] Essa fusão do elemento tradicional com o original, do velho com o novo, como um dos traços mais característicos da literatura moderna – o qual se aplica perfeitamente ao programa poético de Ricardo Reis – foi descrita por Nelson Ascher nos seguintes termos: "... a modernidade literária dispõe de duas extremidades, uma prospectiva, apontada para o futuro, elemento de destaque nos vários e diversos 'futurismos', no culto da tecnologia, da novidade e do 'novo', e uma retrospectiva, não tanto voltada para o passado quanto sequiosa de recriar o passado, de resgatá-lo das superposições de falsificação, banalização, reverência mecânica e lugar-comum sob as quais havia sido soterrado". Cf. ASCHER (2000), p. 14.

Para folgar não folgas; e, se legas,
Antes legues o exemplo, que riquezas,
De como a vida basta
Curta, nem também dura.

Pouco usamos do pouco que mal temos.
A obra cansa, o ouro não é nosso.
De nós a mesma fama
Ri-se, que a não veremos

Quando, acabados pelas Parcas, formos,
Vultos solenes, de repente antigos,
E cada vez mais sombras,
Ao encontro fatal –

O barco escuro no soturno rio,
E os nove abraços da frieza estígia
E o regaço insaciável
Da pátria de Plutão.

Seja como for, esse lado convencional[20], certamente dominante, da produção poética de Reis – o qual mostra bem

---

[20] O próprio Pessoa estava ciente desse carácter convencional, como nos revela uma curiosa – e, de resto, arquiconhecida – censura de Álvaro de Campos à poesia de Ricardo Reis: "Não concebo, porém, que as emoções, nem mesmo as do Reis, sejam universalmente obrigadas a odes sáficas ou alcaicas, e que o Reis, quer diga a um rapaz que lhe não fuja, quer diga que tem pena de ter que morrer, o tenha forçosamente que fazer em frases súbditas que por duas vezes são mais

a importância histórica e, mais, a atualidade poética do horacianismo lusitano – não anula um outro, menos ostensivo e menos conhecido, e que, constante de apenas nove, de um total de duzentas e vinte e duas composições, retoma o método também menos conhecido e menos ostensivo de Garção (sempre ele!) ao tentar reproduzir o número e a posição dos acentos tônicos de uns metros de Horácio em verso português. Leiamos, pois, a título de exemplo, os asclepiadeus maiores da ode I, 11 de Horácio e as duas primeiras estrofes de uma sua imitação portuguesa de Ricardo Reis[21]. Em latim e em português, tônicas em negrito, número de tônicas por hemistíquio (quando hemistíquio há) e total de tônicas por verso entre parênteses, e cesura com barra vertical:

Tu ne quaesieris, **scire**| **nef**as, quem **mi**hi, quem **ti**bi	(3+3=6)
finem **di** de**de**rint,| Leuco**no**e, **nec** Baby**lo**nios	(3+3=6)
temp**ta**ris nu**me**ros.| Ut **me**lius quidquid **e**rit **pa**ti.	(2+3=5)
Seu **plu**ris hiemes seu **tri**buit| **Iup**piter **ul**timam,	(3+2=5)
quae **nunc** op**po**sitis debili**tat**| pu**mi**cibus **ma**re	(3+2=5)
Tyrrhenum: **sa**pias, **vi**na| **li**ques, et **spa**tio **bre**vi	(3+3=6)
spem **lon**gam re**se**ces.| Dum lo**qui**mur, fu**ge**rit in**vi**da	(2+3=5)
aetas: **car**pe **di**em,| quam **mi**nimum **cre**dula **pos**tero.	(3+3=6)

---

compridas e por duas vezes mais curtas, e em ritmos escravos que não podem acompanhar as frases súbditas senão em dez sílabas para as duas primeiras, e em seis sílabas as duas segundas, num graduar de passo desconcertante para a emoção". Cf. Pessoa (1974), p. 141.

[21] Cf., para uma descrição mais pormenorizada de "Vem sentar-te comigo, Lídia, à beira do rio" e sua relação com os asclepiadeus maiores de Horácio, Nogueira (2014a), *op. cit.*

Vem sentar-te comigo,| Lídia, à beira do rio.	(3+3=6)
Sossegadamente| fitemos o seu curso e aprendamos	(3+3=6)
Que a vida passa,| e não estamos de mãos enlaçadas.	(2+3=5)
(Enlacemos as mãos).	(2)
Depois pensemos,| crianças adultas, que a vida	(2+3=5)
Passa e não fica,| nada deixa e nunca regressa,	(2+3=5)
Vai para um mar muito longe,| para ao pé do Fado,	(3+2=5)
Mais longe que os deuses.	(2)

Ora, como logo se percebe, os versos longos da ode de Reis seguem de perto os asclepiadeus de Horácio tanto no que concerne ao número de sílabas, que variam de treze a quinze, como na distribuição dos acentos tônicos pelos hemistíquios – o mesmo método das odes sáficas e dos hendecassílabos alcaicos de Garção. Já o verso mais curto, equivalente a um hemistíquio do mais longo, reflete nisto observação atenta da técnica de Horácio, que em muita estrofe sua faz que o último verso seja como um segmento dos que o antecedem, – e, pois, indica que a reprodução de Reis não tem nada de servil, já que à maneira de Garção (ele de novo!) mescla a cópia minuciosa com as que denominamos equivalências macroestruturais.

Passando por alto as moderníssimas e não raro longas odes de Álvaro de Campos – a saber, a "Ode Triunfal", a "Ode Marítima", os "Dois Excertos de Odes" e a "Ode Marcial" –, as quais, escritas naquele que é provavelmente o mais ousado, dinâmico e torrencial verso livre da língua portuguesa, são, pois, novíssimos exemplos do inclassificável "ritmo dissoluto" com que Horácio caracteriza a versificação de Píndaro[22], é preciso dizer que, partindo do precedente de Carlos Alberto Nunes, que nos seus hexâmetros portugueses procura reproduzir os ictos ou tempos marcados dos gregos e latinos que traduz, Leonardo Antunes[23] e Guilherme Gontijo Flores[24] representam, talvez, a última floração da ode vernácula, em cuja história se inserem por traduções de Píndaro e Horácio, respectivamente. De facto, ambos os projetos tradutórios pretendem replicar em português o andamento rítmico ou a incidência de tempos marcados do respectivo modelo, criando versos que, como os originais, possam não só ser recitados, mas também cantados (todos dois são músicos) com acompanhamento instrumental. Isso significa que certos característicos elocutórios mais visuais que propriamente auditivos de ambos os modelos – tais como cesuras, a posição das palavras e o rebuscamento da sintaxe – não foram metodicamente reproduzidos em suas traduções, e isso pura e simplesmente porque a sua finalidade não está na mera leitura silenciosa ou na só recitação escolar (que ainda assim admitem, claro), senão, antes, no canto acompanhado de lira, cítara ou violão. Vejamos um exemplo de cada; em grego e em latim, ictos em negrito, e, em português, em negrito as tônicas:

---

[22] Cf. abaixo Horácio, Ode IV, 2, vv. 9-12, pp. 104-05.
[23] Cf. ANTUNES (2012).
[24] Cf. FLORES (2014).

PÍNDARO, Pítica I, vv. 1-4.

Χρυσέα φόρμιγξ, Ἀπόλλωνος καὶ ἰοπλοκάμων
σύνδικον Μοισᾶν κτέανον· τᾶς ἀκούει μὲν βάσις ἀγλαΐας
   [ἀρχά,
πείθονται δ᾽ ἀοιδοὶ σάμασιν
ἀγησιχόρων ὁπόταν προοιμίων ἀμβολὰς τεύχῃς
   [ἐλελιζομένα.

ANTUNES, Pítica I, vv. 1-4, de Píndaro.

Áurea lira, posse em comunhão para Apolo e pras Musas,
cujos cachos são violáceos. Ouvem-te as passadas se brilha
   [uma nova festa
E os aedos seguem teus sinais
Tão logo tu fazes vibrarem os prelúdios musicais que levam
   [pro início do canto.

HORÁCIO, Ode I, 9, vv. 1-12

Vides ut alta | stet nive candidum
Soracte nec iam | sustineant onus
silvae laborantes geluque
flumina constiterint acuto?

dissolve frigus | ligna super foco
large reponens | atque benignius
deprome quadrimum Sabina,
o Thaliarche, merum diota.

permitte divis | cetera, **qui simul**
stravere **ven**tos | aequore **fer**vido
de**pro**eliantis, **nec** cu**pre**ssi
nec veteres agi**tan**tur **or**ni.

FLORES, Ode I, 9, vv. 1-12, de Horácio.

Vês **co**mo é **al**ta | a **ne**ve no al**vís**simo
So**rac**te, **mal** seu | **pe**so suste**nta**rá
o **bos**que fati**ga**do, e em **ge**lo
rígido os **ri**os es**tão** pa**ra**dos?

Dis**sol**ve o **fri**o em | **fo**go, far**tan**do-**nos**
na **le**nha, en**tão** | **vem** mais be**né**fico,
re**ti**ra **do** sa**bi**no **va**so,
ó Tali**ar**co, **es**se **vi**nho an**ti**go.

En**tre**ga o **mais** aos | **deu**ses, que em **fér**vido
oce**a**no **quan**do a|**mai**nam os ven**da**vais
em **vãs** ba**ta**lhas, **nem** o **ve**lho
freixo ou ci**pres**te se**quer** se a**gi**ta.

A despeito da proverbial dificuldade da poesia de Píndaro – inclusive no que toca à delimitação exata dos versos e sua distribuição em estrofes –, nota-se facilmente, comparando o trecho acima com sua tradução, que Antunes logrou reproduzir o desenho rítmico do original, replicando-lhe, em português, a incidência dos ictos ou tempos fortes: e o mesmo se diga de Flores e sua também inventiva tradução de Horácio. Lá como cá, porém, – como já sugerimos – nem os aspectos mais visuais que rítmicos da elocução nem tampouco o efeito contrastante ou segunda voz representados pelos acentos tônicos que caem fora do icto foram considerados na reprodução, apesar da importância que têm para o efeito métrico, rítmico e, numa palavra, *poético* dos versos, no original. Se nossas traduções têm alguma novidade, portanto, ela está precisamente na tentativa – nem sempre bem lograda, antecipe-se – de replicar em português os tempos marcados do original sem esquecer o efeito contrastante dos acentos tônicos fora do icto nem os característicos mais visuais que auditivos da elocução; o que não significa que nada devam aos precedentes de Antunes e Flores, é claro, conquanto se apartem do desse último, em particular, também pelo tratamento dos fins de verso, que em nossas traduções são indiferentemente agudos, graves ou esdrúxulos, desde que ao último icto do latim corresponda a última tônica portuguesa[25].

Dito isso, chegamos enfim à parte mais importante deste trabalho. Consideremos, então, sem delongas os característicos métricos, rítmicos e elocutórios dos originais latinos *tais como os lemos*[26], lado a lado com suas reprodu-

---

[25] Vide acima seção I, nota 2, pp. 16-17. Trata-se, portanto, em nosso caso, de traduções que não buscam reproduzir o mesmo número de sílabas do original, uma vez que, considerando que o fim do verso português é a última sílaba tônica, não nos impusemos a reprodução de sílabas que caem após o último icto do latim.

[26] Lembre-se que os metros antigos, em geral, e os de Horácio, em particular, admitem inúmeras escansões e possibilidades de execução.

ções vernáculas, e justifiquemos depois nossa leitura com uns comentários a essas reproduções, enfatizando se e em que medida logramos replicar em português o que antes percebêramos (e desfrutáramos) em latim. Uma vez assimilado o padrão rítmico do verso ou estrofe em causa, e ponderados os comentários da vez, pode o interessado, finalmente, dedicar-se aos exercícios.

Em nossa leitura e reprodução dos metros horacianos, portanto, seguimos o padrão rítmico assinalado por CRUSIUS, *op. cit.* Ou seja: os tempos marcados do original latino, tais como os lemos, entendemos e replicamos em português, são nada mais nada menos os que o erudito alemão indica na sua *Römische Metrik*. Frise-se uma vez mais, contudo, que esta não é nem poderia ser a única possibilidade de execução oral desses metros – como, aliás, bem demonstra DONÁ, *op. cit.*, com acuidade e abundância de exemplos.

Capítulo IV

Os Metros de Horácio em Verso Português

Seguem-se, pois, lado a lado o texto latino de cada metro que Horácio utilizou (representado aqui por uma única ode) e a tradução vernácula que lhe demos. Note-se que marcamos as breves e as longas do original latino, assinalando os tempos fortes em negrito a fim de que se possa apreciar melhor a relação entre intensidade e longura silábica, essencial para o efeito poético destes textos. Em português, em negrito estão as tônicas, e em itálico, as subtônicas. Tanto lá como cá, sublinhamos apenas as sinéreses, sinalefas, crases e elisões mais importantes, e indicamos as principais cesuras com uma barra vertical.

Só uma última observação. Tanto quanto pudemos averiguar, as principais dificuldades e desafios da composição vernácula de medidas horacianas estão, primeiro, na urdidura e confecção da pauta silenciosa (isto é, a dos acentos gramaticais que caem fora dos tempos marcados), segundo, na justaposição de sílabas tônicas, e, terceiro, na transposição do estilo ou elocução originais, cujo traço, talvez, mais característico é a posição estratégica de cada palavra no interior dos versos, e a consequente extensão e engenhosíssima articulação das sentenças entre si, com inúmeros parênteses e subordinações. Eis os três aspectos principais em que nossos comentários se concentram – limitando-nos a um único exemplo de cada aspecto, diga-se desde já, que é o bastante para servir de guia a uma leitura atenta e juízo equânime dos nossos resultados.

É preciso confessar também que, se, por um lado, nos parece que vencemos sempre ou quase sempre as duas últimas dificuldades, fomos muito mais inconstantes e amargamos bastantes derrotas, ao enfrentar a primeira. Donde, nos comentários que seguem, nossa ênfase nos casos de vitória, deixando as muitas e patentes derrotas que falem por si, com uma ou outra exceção. Mas vamos aos textos[1] e aos comentários – comentários quanto possível objetivos (e, logo, sucintos) e que, *mutatis mutandis*, se aplicam a mais de um poema, pois que o mesmo metro aparece várias vezes, em várias combinações.

Finalmente, no tocante aos exercícios, espero que a audição dos primeiros versos de cada poema, no original e na tradução, ajude o exercitante a melhor compreender e a praticar melhor os ritmos de Horácio, pondo salutarmente à prova o seu engenho e a sua arte. Ao trabalho, pois!

---

[1] Para os poemas de Horácio, seguimos a edição de K<small>LINGNER</small> (1959).

Os Metros de Horácio

1) ASCLEPIADEU MENOR: Ode IV, 8, Latim.

= – = U U = | = U U = U O

Dōnārēm pătĕrās | grātăquĕ cōmmŏdūs,
Cēnsōrīnĕ, mĕīs | aērā sŏdālĭbūs,
dōnārēm trĭpŏdās, | praēmĭă fōrtĭūm
Graīōrūm, nĕquĕ tū | pēssŭmă mūnĕrūm
fērrēs, dīvĭtĕ mē | scīlĭcĕt ārtĭūm,   5
quās aūt Pārrhăsĭūs | prōtŭlĭt aūt Scŏpās,
hīc sāxō, lĭquĭdīs | īllĕ cŏlōrĭbūs
sōllērs nūnc hŏmĭnēm | pōnĕrĕ nūnc dĕūm.
Sēd nōn haēc mĭhĭ vīs, | nōn tĭbĭ tālĭūm
rēs ēst aūt ănĭmūs | dēlĭcĭārum ĕgēns: 10
gaūdēs cārmĭnĭbūs; | cārmĭnă pōssŭmūs
dōnā<u>re, ēt</u> prĕtĭūm | dīcĕrĕ mūnĕrīs.
Nōn īncīsă nŏtīs | mārmŏră pūblĭcīs,
pēr quaē spīrĭtŭs ēt | vītă rĕdīt bŏnīs
pōst mōrtēm dŭcĭbūs, | nōn cĕlĕrēs fŭgaē   15
rēiēctaēquĕ rĕtrōr|sum Hānnĭbălīs mĭnaē,
[nōn īncēndĭă Cār|thăgĭnĭs īmpĭaē,]
ēiūs, quī dŏmĭtā | nōmĕn ăb Āfrĭcā
lūcrātūs rĕdīīt, | clārĭŭs īndĭcānt
laūdēs, quām Călăbraē | Pĭĕrĭdēs, nĕquĕ   20
sī chārtaē sĭlĕānt, | quōd bĕnĕ fĕcĕrīs,
mērcēdēm tŭlĕrīs. | Quīd fŏrĕt Īlĭaē
Māvōrtīsquĕ pŭĕr, |sī tăcĭtūrnĭtās
ōbstārēt mĕrĭtīs | īnvĭdă Rōmŭlī?
Ērēptūm Stȳgĭīs | flūctĭbŭs Aēăcūm   25

1) ASCLEPIADEU MENOR: Ode IV, 8, Português.

= – = U U = | = U U = U O

Dera copas e mui | grata, de *cora***ção,**
*bronz***aria a meus** *con***|frades, ó** *Cen***sorino,**
dera trípodas té, | prêmio dos *vale***rosos**
gregos, e certamente | o úl**timo dos regalos**
não levaras, fos*se eu* | **rico naquelas artes**   5
que Parrásio bruniu, | **ou que bruniu Escopas,**
um em pórfiro enquanto | o ou**tro em colores lúcidas**
*ver***sadíssimo em pôr |** já al**gum mortal, já um deus.**
Mas nem eu posso dar, | nem de delícias tantas
tu careces ou o teu | ânimo é *cobi***çoso:**   10
folgas tu em canções; | e com canções podemos
*re***galar-te e dizer | qual o valor do dom.**
Nem as públicas, não, | sôbolo mármor letras,
por que espírito e vida | aos **generais de pro**a e
prol retornam pós-morte, | – ou **as velozes fugas**   15
e as de Aní**bal coações | contra ele próprio impos**tas,
[**ou de certa Cartago |** *o im***piedoso incên**dio]
*de***bitado ao herói | que da domada África**
*re***nomado voltou | – mais claramente douram-**
-lhes as glórias do que as | **Piérides da Calábria,**   20
nem, se a página está | branca, **do bem que fazes**
*re***compensa não tens. |** Que é **que seria, então,**
do rebento de Marte | e Í**lia, se a es**curida**de**
*in***vejo**s**a fos**se obs|**tác'lo ao valor de Rômulo?**
Uma vez rebatado | É**aco à estígia on**da,   25

vīrtūs ēt făvŏr ēt | līnguă pŏtēntĭūm
vātūm dīvĭtĭbūs | cōnsĕcrăt īnsŭlīs.
Dīgnūm laūdĕ vĭrūm | Mūsă vĕtāt mŏrī;
coēlō Mūsă bĕāt. | Sīc Iŏvĭs īntĕrēst
ōptātīs ĕpŭlīs | īmpĭgĕr Hērcŭlēs,   30
clārūm Tŷndărĭdaē | sīdŭs ăb īnfĭmīs
quāssās ērĭpĭūnt | aēquŏrĭbūs rătēs,
ōrnātūs vĭrĭdī | tēmpŏră pāmpĭnō
Lībĕr vōtă bŏnōs | dūcĭt ăd ēxĭtūs.

*ga*lhar**di**a, fa**vor**, | **lín**gua de *po*de**ro**sos
poetas <u>**o hão**</u> de sa**grar** | às ventu**ro**sas ilhas.
Veta a **Mu**sa que **mor**<u>ra | **o ho**</u>mem de **gló**ria **digno**
<u>e o *a*</u>for**tu**na com o **céu**. | **Daí** nos re**pas**tos **tão**
*con*cor**ri**dos de **Jo**<u>ve | **Hér**</u>cules **for**te está,   30
os Tin**dá**ridas **ao** | **pé**lago – es**tre**las-**gui**a –
*ar*re**ba**tam as **naus** | **lon**ge tur*bi*lho**na**das,
com as **têm**poras *com*|**pos**tas com **ver**de **pâm**pano,
Líber **le**va ao me**lhor** | **ê**xito **nos**sos **vo**tos.

Capítulo IV

Comentário

a. Uma das grandes dificuldades de reproduzir o asclepiadeu menor em português é a sequência de duas tônicas na sexta e na sétima sedes do verso – isto é, no fim de uma palavra e no começo da seguinte, que marcam a cesura principal. Gerard Manley Hopkins refletiu sobre isso ao teorizar sobre o que chamou de *sprung rhythm*, constante do choque de uma sequência de tônicas, ao que contrapôs o mais usual e melodioso *running rhythm*, em que à tônica antecede e-ou sucede uma sílaba átona[1]. Autorizados por Horácio – vide acima o v. 16 do texto latino, e em particular a palavra "retrorsum" –, recorremos à sinalefa, crase ou elisão justamente na cesura para dar conta dessa dificuldade, ainda que, verdade seja dita, tal recurso seja muito menos comum em latim do que foi para nós em português.

b. Sobre o engenhoso efeito de contraste causado pelo acento natural em posição não marcada do original latino – vide, por exemplo, a palavra "Er**ep**tum" no v. 25, cujo acento natural, que está em "rep-", cai precisamente no meio de dois ictos ou tempos fortes, sugerindo quase, pois, uma sequência de três acentos sucessivos –, ora tentamos sugeri-lo mediante sílaba fechada, como em "nem" (v. 9), ora mediante sinalefas, como "de Aníbal" (v. 16), ora, por fim, apelando à sub-reptícia tonicidade de palavras da mesma família, como em "galhardia", que sugere "gal**har**do"[2].

---

[1] Cf. Hopkins, *op. cit.*, *ibidem*.

[2] Marco Catalão observa que, para intensificar a tonicidade de sílabas subtônicas, outro recurso são as assonâncias e homofonias. Dessa

c. Quanto à elocução, a longa sentença que vai do v. 13 ao v. 24 é exemplo bastante, cremos, do quão próximo o nosso vernáculo procurou manter-se do latim. Note-se também, na tradução, o esforço por reproduzir a mesma sequência de vocábulos do original.

---

maneira, a subtônica ganha uma espécie de tonicidade retrospectiva, digamos, – como, por exemplo, no v. 17, em que o *ta* átono em "de cer*ta* Cartago" antecipa o *ta* tônico da palavra seguinte; no 18, onde o procedimento se repete com o *da*: "**que** *da* do**ma**da África" (embora o último *da* aqui não seja tônico); e no 33, com o *po* de "as **têm**poras *com*|**pos**tas. Embora nem sempre o explicitemos, o mesmo recurso aparece em outros poemas – pelo que peço a atenção do leitor.

Exercícios

a. Memorize o andamento e a divisão rítmica deste verso, seja decorando qualquer um deles, seja criando fórmulas onomatopaicas como a seguinte:

Tá-ti-tá-ti-ti-tá – tá-ti-ti-tá-ti-tá.

b. Deixando de lado os efeitos contrastantes, procure reproduzir os ictos do asclepiadeu menor com quaisquer palavras que puder, independentemente do significado e da sintaxe. Repita o procedimento tantas vezes quantas forem necessárias, até dominar completamente este verso, e conseguir compô-lo com facilidade. Por exemplo:

Eu, você, minha **mãe**;| **Deus**, Sata**nás**, não **vou**.

c. Ainda sem levar em conta a segunda voz, reproduza o padrão rítmico do asclepiadeu menor compondo versos que façam algum sentido. Você pode partir das palavras de um seu poema dileto, o que ajuda bastante. Eu, por exemplo, que amo *Os Lusíadas*, faria então algo como:

Armas **can**to e um ba**rão** | **tal** que pas**sou** o **Ca**bo.

E assim por diante. O importante, aqui, depois de muita prática, é conseguir construir longos períodos, com várias coordenações e subordinações. Só assim se adquire uma técnica segura, inclusive para o período curto e o paratático. Daí a pertinência de partir de textos clássicos, em prosa inclusive, como os *Sermões* do padre Antônio Vieira e a *Nova Floresta* do padre Manuel Bernardes, entre outros. Mas as

canções, as éclogas, as elegias, as oitavas, as odes, as redon-
dilhas e os sonetos de Luís de Camões (quiçá nessa ordem)
são o núcleo duro, incontrastável, do nosso idioma lírico
– lá estão os andaimes, a estrutura, a argamassa e muitas
das pedras dos melhores poemas feitos e ainda por fazer,
em português. Não há poeta lusófono relevante que não o
tenha frequentado. Noite e dia, dia e noite.

d. Procure, então, finalmente, emendar os versos que compôs
no item anterior inserindo-lhes alguns efeitos de contraste,
tais como os descritos no comentário.

2) ASCLEPIADEU SEGUNDO: Ode IV, 5, Latim.

= – = U U = | = U U = U O
= – = U U = | = U U = U O
= – = U U = | = U U = U O
= – = U U = U O

Dīvīs ōrtĕ bŏnīs, | ōptŭmĕ Rōmŭlaē
cūstōs gēntĭs, ăbēs | iām nĭmĭūm dĭū:
mātūrūm rĕdĭtūm | pōllĭcĭtūs pătrūm
sānctō cōncĭlĭō, rĕdī.

Lūcēm rēddĕ tŭaē, | dūx bŏnĕ, pātrĭaē;   5
īnstār vērĭs ĕnīm | vūltŭs ŭbī tŭūs
ādfūlsīt pŏpŭlō, | grātĭŏr īt dĭēs
ēt sōlēs mĕlĭūs nĭtēnt.

Ūt mātēr iŭvĕnēm, | quēm Nŏtŭs īnvĭdō
flātū Cārpăthĭī | trāns mărĭs aēquŏrā   10
cūnctāntēm spătĭō | lōngĭūs ānnŭō
dūlcī dīstĭnĕt ā dŏmō,

vōtīs ōmĭnĭbūs|que ēt prĕcĭbūs vŏcāt,
cūrvō nēc făcĭēm | lītŏrĕ dēmŏvēt:
sīc dēsīdĕrĭīs | īctă fĭdēlĭbūs   15
quaērīt pātrĭă Caēsărēm.

Tūtŭs bōs ĕtĕnīm | rūră pĕrāmbŭlāt,
nūtrīt rūră Cĕrēs | ālmăquĕ Faūstĭtās,

2) ASCLEPIADEU SEGUNDO: Ode IV, 5, Português.

= – = U U = | = U U = U O
= – = U U = | = U U = U O
= – = U U = | = U U = U O
= – = U U = U O

Ó prosápia dos **bons** | **deu**ses e **guar**da **má**ximo
da de Rômulo **grei,** | **'stás** mui há **mui**to au**sen**te:
pois ju**ras**te tor**nar** | **lo**go ao dos **pais** con**se**lho
*sa*cra**tís**simo, en**tão** re**tor**na.

Luz re**traz**, capi**tão**|-**mor**, a esta **pá**tria **tua**;   5
quando um **vul**to que é **par** | da prima**ve**ra – o **teu** –
re**ful**giu à na**ção,** | **vai** mais a**le**gre o **di**a
e a<u>té os</u> **sóis** a**lu**miam **mais**.

Qual a **mãe** ao gu**ri** | (**que em** inve**jo**so **so**pro
pelas **á**guas do **mar** | **Cár**pato *lon*ga**men**te o   10
Noto a**fas**ta por **um** | **tem**po mai**or** que um **a**no
do seu **do**ce, tão **do**ce **lar**)

com pro**mes**sas e **mil** | **pre**ces de **vol**ta cha**ma**,
e o seu **ros**to do *re*|**côn**cavo **não** re**mo**ve:
tal a **pá**tria to*ca*|**dís**sima de **fi**el   15
*sa*ü**da**de de**man**da **Cé**sar.

*Sos*se**ga**do, pois **sim,** | **pas**ta no **cam**po o **boi**,
Ceres **nu**tre e tam**bém** | **ri**ca Far**tu**ra o **cam**po,

pācātūm vŏlĭtānt | pēr mărĕ nāvĭtaē,
cūlpārī mĕtŭīt fĭdēs,   20

nūllīs pōllŭĭtūr | cāstă dŏmūs stŭprīs,
mōs ēt lēx măcŭlō|sum ēdŏmŭīt nĕfās,
laūdāntūr sĭmĭlī | prōlĕ pŭērpĕraē,
cūlpām poēnă prĕmīt cŏmēs.

Quīs Pārthūm păvĕāt, | quīs gĕlĭdūm Scȳthēn,   25
quīs Gērmānĭă quōs | hōrrĭdă pārtŭrīt
fētūs, īncŏlŭmī | Caēsărĕ? Quīs fĕraē
bēllūm cūrĕt Hĭbērĭaē?

Cōndīt quīsquĕ dĭēm | cōllĭbŭs īn sŭīs
ēt vītēm vĭdŭās | dūcĭt ăd ārbŏrēs;   30
hīnc ād vīnă rĕdīt | laētŭs ĕt āltĕrīs
tē mēnsīs ădhĭbēt dĕūm.

Tē mūltā prĕcĕ, tē | prōsĕquĭtūr mĕrō
dēfūsō pătĕrīs, | ēt Lărĭbūs tŭūm
mīscēt nūmĕn, ŭtī | Graēcĭă Cāstŏrīs   35
ēt māgnī mĕmŏr Hērcŭlīs.

"Lōngās ō ŭtĭnām, | dūx bŏnĕ, fērĭās
praēstēs Hēspĕrĭaē" | dīcĭmŭs īntĕgrō
sīccī mānĕ dĭē, | dīcĭmŭs ūvĭdī,
cūm sōl Ōcĕănō sŭbēst.   40

*pa*catíssimo **mar** | **cru**zam os *na*ve**gan**tes,
Boa-**Fé** teme **ser** que**bra**da, 20

nem in**ces**to nen**hum** | **ca**sa tão **cas**ta in**fec**ta,
bons cos**tu**mes e **lei** | **pes**te cas**sa**ram in**fan**da,
*e*lo**gi**am-se as **mães** | **pe**la pa**re**lha **pro**le,
o cas**ti**go a seu **cri**me a**cos**sa.

Quem o **per**sa te**me**ra, | **ou** o ge**la**do **ci**ta, 25
ou os **fe**tos que **dá à** | **luz** a Ger**mâ**nia hor**ren**da, se i-
-**le**so **Cé**sar es**tá**? | **Quem** se preo*cu***pa**ria
com a **guer**ra na **bru**ta I**bé**ria?

Cada **um** **pas**sa o **di**a | **em** ser**ra**nia **su**a,
e re**ves**te de **vi**de | **ár**vores *des***nu**da**das**; 30
donde aos **vi**nhos se **vai** | **le**do e na *re*fei**ção**
*ves***per**tina **qual** **deus** te a**do**ra.

Te sa**ú**da com **grã** | **pre**ce e tam**bém** li**cor**
às cra**te**ras dei**ta**do, | **e en**tre seus **La**res **põe**
o teu **nu**me, tal **qual** | **a Hé**lade se re**cor**da 35
de **Cas**tor e do **mag**no **Hér**cules.

"**Lon**gas, **mor** capi**tão**, | **fé**rias que **tu** con**ce**das,
sim, à Hes**pé**ria" – é o que **sãos** | **pe**la man**hã** di**ze**mos
mal o **di**a rai**ou**, | **bê**bedos *re*di**ze**mos,
quando o **sol** sob o oce**a**no **jaz**. 40

Comentário

a. Constante este metro de três asclepiadeus menores e um glicônio, tudo o que dissemos sobre aquele verso, no comentário anterior, concernente à dificuldade de justapor duas tônicas na sexta e na sétima sedes, ao efeito contrastante dos acentos gramaticais em posição não marcada, e à tentativa de seguir bem de perto a elocução do original, o poderíamos repetir aqui, evidentemente. Veja-se, pois, para os acentos justapostos, "**grã prece**" (v. 33) e "dei**tado en**tre" (v. 34), para o efeito contrastante a sublinhada sinalefa "à Hespéria" (v. 38), e para a elocução a longa e em português dificultosa sentença parentética entre o v. 9 e o v. 12.

b. O glicônio não oferece grandes dificuldades de reprodução em português, e o dito efeito contrastante ou pauta silenciosa foram quanto possível respeitados mediante elisões e recursos semelhantes, como, por exemplo, em "*e até os* **sóis**" (v. 8, em que o engaste ou modelo rítmico confere tonicidade à primeira sílaba, que é átona, e não abafa a da segunda, que é tônica), que se pretende análogo de "**et so**les" (v. 8), em que o acento natural cai no "so-" não marcado intercalado entre dois tempos marcados.

Exercícios

a. Memorize o andamento e a divisão rítmica desta estrofe, seja decorando uma delas, seja criando fórmulas onomatopaicas – a seu critério.
b. Deixando, por ora, de lado os efeitos contrastantes, procure reproduzir os ictos do asclepiadeu segundo com quaisquer palavras que lhe ocorrerem, independentemente do significado e da sintaxe. O procedimento é divertido. Repita-o tantas vezes quantas forem necessárias, até dominar completamente esta estrofe e conseguir compô-la com facilidade.
c. Ainda sem levar em conta o contraponto da segunda voz, reproduza o padrão rítmico do asclepiadeu segundo compondo versos que façam algum sentido em português. Você pode partir das palavras de um seu poema, sermão, tratado ou romance dileto, o que ajuda bastante. Prefira textos clássicos, a fim de praticar com períodos longos, constantes de várias coordenações e subordinações – só assim se adquire um estilo vigoroso, articulado e definido, como o corpo de um bailarino (o do halterofilista é inchado, e mirrado é o do faquir).
d. Procure, finalmente, emendar os versos que compôs no item anterior inserindo-lhes alguns efeitos de contraste, tais como os descritos no comentário.

3) Asclepiadeu Terceiro: Ode IV, 13, Latim.

= – = υ υ = | = υ υ = υ ο
= – = υ υ = | = υ υ = υ ο
= – = υ υ = x
= – = υ υ = υ ο

Aūdīvērĕ, Lўcē, | dī mĕă vōtă,
dī aūdīvērĕ, Lўcē:| fīs ănŭs; ēt tămēn
vīs fōrmōsă vĭdērī
lūdīs**que ēt** bĭbĭs īmpŭdēns

ēt cāntū trĕmŭlō | pōtă Cŭpīdĭnēm   5
lēntūm sōllĭcĭtās: | īllĕ vĭrēntĭs ēt
dōctaē psāllĕrĕ Chīaē
pūlchrīs ēxcŭbăt īn gĕnīs.

Īmpōrtūnŭs ĕnīm | trānsvŏlăt ārĭdās
quērcūs, ēt rĕfŭgīt | tē, quĭă lūrĭdī   10
dēntēs tē, quĭă rūgaē
tūrpānt, ēt căpĭtīs nĭvēs.

Nēc Cōaē rĕfĕrūnt | iām tĭbĭ pūrpŭraē
nēc clārī lăpĭdēs | tēmpŏră, quaē sĕmēl
nōtīs cōndĭtă fāstīs   15
īnclūsīt vŏlŭcrīs dĭēs.

Quō fūgīt vĕnŭs, heū, | quōvĕ cŏlōr? Dĕcēns
quō mōtū? Quĭd hăbēs | īllĭŭs, īllĭŭs,

3) ASCLEPIADEU TERCEIRO: Ode IV, 13, Português.

= – = U U = | = U U = U O
= – = U U = | = U U = U O
= – = U U = X
= – = U U = U O

Atenderam, Li*cé, os* | *di*vos a minha **pre**ce
*a*tenderam, Licé: | **tor**nas-te **ve**lha; **mas**
vais ban**can**do a gos**to**sa,
brincas, **be**bes des*pu*dorada-

-**men**te e, **bê**beda, a **voz** | **rou**ca, um Cupido **mou**co   5
*so*licitas – que *re*|**pou**sa nas **da** vi**ren**te
Quia, **dou**ta no **can**to,
*ra*diantes **ma**çãs no **ros**to,

e, aziago que é, | **lon**ge de **ro**ble **se**co
voa e **fo**ge de **ti**, | **pois** os a*ma*re**la**dos   10
dentes, **pois** essas **ru**gas
*des*figuram-te (e a **ne**ve em **cãs**).

Nem as **púr**puras **de** | **Cós** não te *res*ti**tu**em
– **nem** os **ri**cos **ru**bis – | **já** a esta**ção** que ou**tro**ra
presa em **da**tas marca**das**   15
dia **cé**lere en*car*ce**rou**.

Onde **Vê**nus a*go*ra, | *on*de, **ai**, a **cor**, o **grá**cil
reque*bro on*de? O que *re*|**téns** já daque*la*, a**que**la

Capítulo IV 89

quaē spīrābăt ămōrēs,
quaē mē sūrpŭĕrāt mĭhī,   20

fēlīx pōst Cĭnărām, | nōtăque ĕt ārtĭūm
grātārūm făcĭēs? | Sēd Cĭnăraē brĕvēs
ānnōs fātă dĕdērūnt,
sērvātūră dĭū părēm

cōrnīcīs vĕtŭlaē | tēmpŏrĭbūs Lȳcēn,   25
pōssēnt ūt iŭvĕnēs | vīsĕrĕ fērvĭdī,
mūltō nōn sĭnĕ rīsū,
dīlāpsam īn cĭnĕrēs făcēm.

*que e*xala**v**a, ai, a**mo**res,
que me *sur*ripi**ou** a **mim**, 20

pós Cinara, a fe**liz**, | **cé**lebre (e **de** go**zo**sos
dons) bel**da**de? Porém, | **para** Cinara **bre**ves
anos **de**ram os **fa**dos,
*pre*ser**van**do inda **mui**to, i**gual**

aos de **gra**lha anciã | **sé**culos, **a** Licé 25
por que **ver** conse**guis**se | **a** moci**da**de em **fo**go
não sem 'spas**mos** de **ri**so
*dis*si**par**-se na **cin**za um **fa**cho.

Comentário

a. Constante de dois asclepiadeus, um ferecrácio e um glicônio, respectivamente, este metro oferece basicamente as mesmas dificuldades dos dois anteriores – e, logo, enseja as mesmas soluções, basicamente: como "**voz rou**ca" (v. 5) e "*re***pou**sa" (v. 6, em que o carácter composto do vocábulo, seguindo o exemplo do mesmo Horácio em muito poema seu, é colocado em evidência) para os acentos justapostos, e "**por** que **ver**" (v. 26, no qual "que" é indiferentemente átono ou tônico e, pois, sugere tonicidade) para o efeito contrastante.

b. Sendo verso curto e sem cesura, o ferecrácio não apresenta nenhum grande desafio – tanto mais que nem mesmo admite superposição das duas pautas (a dos ictos e a dos acentos), haja vista que, nele, há total e absoluta coincidência entre tempos marcados e acentos gramaticais: como, por exemplo, no v. 15, "**no**tis **con**dita **fas**tis".

c. Para a elocução, vejam-se as três primeiras estrofes no original latino e em português: sentença longa e complexa que mais uma vez buscamos reproduzir de perto.

Exercícios

a. Memorize o andamento e a divisão rítmica desta estrofe.

b. Sem se preocupar com os efeitos contrastantes, procure reproduzir os ictos do asclepiadeu terceiro com quaisquer palavras que puder, independentemente do significado e da sintaxe. Repita o procedimento tantas vezes quantas forem necessárias, até dominar completamente esta estrofe e conseguir compô-la com facilidade.

c. Ainda sem levar em conta a segunda voz, reproduza o padrão rítmico do asclepiadeu terceiro compondo versos que façam algum sentido em português. Tome como paradigma as palavras de um seu poema, sermão, tratado ou romance dileto. Prefira textos clássicos, a fim de praticar com períodos longos, constantes de várias coordenações e subordinações. *Os Lusíadas*, claro. Mas também a *Castro* de Antônio Ferreira.

d. Procure emendar os versos que compôs no item anterior inserindo-lhes alguns efeitos de contraste, tais como os descritos no comentário.

4) ASCLEPIADEU QUARTO: Ode IV, 3, Latim.

= – = U U = U O
= – = U U = | = U U = U O
= – = U U = U O
= – = U U = | = U U = U O

Quēm tū, Mēlpŏmĕnē, sĕmēl
nāscēntēm plăcĭdō | lūmĭnĕ vīdĕrīs,
īllūm nōn lăbŏr Īsthmĭūs
clārābīt pŭgĭlēm, | nōn ĕquŭs īmpĭgēr

cūrrū dūcĕt Ăchāĭcō   5
vīctōrēm, nĕquĕ rēs | bēllĭcă Dēlĭīs
ōrnātūm fŏlĭīs dŭcēm,
quōd rēgūm tŭmĭdās | cōntŭdĕrīt mĭnās,

ōstēndēt Căpĭtōlĭō:
sēd quaē Tībur aquaē | fērtĭlĕ praēflŭūnt   10
ēt spīssaē nĕmŏrūm cŏmaē
fīngēnt Aĕŏlĭō | cārmĭnĕ nōbĭlēm.

Rōmaē, prīncĭpĭs ūrbĭūm,
dīgnātūr sŭbŏlēs | īntĕr ămābĭlēs
vātūm pōnĕrĕ mē chŏrōs,   15
ēt iām dēntĕ mĭnūs | mōrdĕŏr īnvĭdō.

Ō tēstūdĭnĭs aūrĕaē
dūlcēm quaē strĕpĭtūm, | Pīĕrĭ, tēmpĕrās,

4) ASCLEPIADEU QUARTO: Ode IV, 3, Português.

```
= – = U U = U O
= – = U U = | = U U = U O
= – = U U = U O
= – = U U = | = U U = U O
```

Quem, Melpômene, um **dia tu**
ao nas**cer** com o**lhar** | **cá**lido con**tem**plas**te**
– **a e**le **nem** o **la**bor no **Ist**mo
púgil con**sa**gra**rá**, | **nem** o cor**cel** fre**men**te

gui**a**rá nal**gum car**ro a**queu**   5
ven**ce**dor, nem mar**cial** | **ges**ta, ele ge**ne**ral
ex**or**nado de **dé**lia **ra**ma
por ca**lar** a inso**len**|**tís**sima **voz** de **dés**potas,

o al**çará** sobre o **Ca**pi**tó**lio:
mas as **á**guas que con|**flu**em no **ri**co **Tí**bur   10
e as es**pes**sas dos **bos**ques **co**mas
filho d'**al**go em can**ção** | e**ó**lia mol**dá**-lo-**ão**.

Da prin**ce**sa das **ur**bes – **Ro**ma –
o re**ben**to consen**te** | **em** colo**car**-me **jun**to
cos a**má**veis dos **va**tes **co**ros,   15
e já **me**nos me re|**mor**de o inve**jo**so **den**te.

Ó da **li**ra dou**ra**da **quem**
o su**a**ve clan**gor**, | Pi**é**ride, **bem** mo**du**las,

ō mūtīs quŏquĕ **pīscĭbūs**
dōnātūră cy̆cnī, | **sī** lĭbĕāt, sŏ**nūm**,   20

tōtūm **mūnĕrĭs hōc** tŭ**i ēst**,
quōd mōnstrōr dĭgĭtō | **praētĕrĕūntĭūm**
Rōmānaē fĭdĭcēn ly̆raē;
quōd spī<u>ro ēt</u> plăcĕō, | sī plăcĕō, tŭ**um ēst**.

*que in*clusive à mu**dez** dos **peixes**
som de **cis**ne doa|rias, se *te a*prouvesse,   20

este dom é in**teiro teu**:
*a*pon**tarem**-me os *trans*|**eun**tes com o **de**do "<u>**Lá**, o</u>
*tan*ge**dor** da roma**na lira**";
*ins*pi**rar** e entre**ter**, | <u>se é</u> que entretenho, é **teu**.

Comentário

a. O asclepiadeu quarto, constante de dois dísticos de glicônio com asclepiadeu menor, apresenta, pois, os mesmos desafios técnicos do asclepiadeu segundo. Quanto ao efeito contrastante – o que há de mais dificultoso e desafiador para reproduzir em português –, note-se, por exemplo, a palavra "*con*tem**plas**te" no v. 2, que sugere tonicidade não só em "con-" como também em "tem-", pelo parentesco com "con**tem**plo"; quanto aos acentos justapostos, veja-se "con**sen**te em" (v. 14) e "clan**gor**, **Pié**ride" (v. 18), entre outros.

b. A longa sentença dos vv. 1-12, com todos os seus malabarismos e inversões sintáticos, responde pelo alatinado da dicção vernácula, que mais uma vez procuramos manter colada na do latim.

Exercícios

a. Memorize o andamento e a divisão rítmica desta estrofe – criando onomatopeias, batendo o dedo na mesa, ou como preferir.

b. Deixando de lado os efeitos contrastantes, procure reproduzir os ictos do asclepiadeu quarto com quaisquer palavras que puder, independentemente do significado e da sintaxe. Repita o procedimento tantas vezes quantas forem necessárias, até dominar completamente esta estrofe e conseguir compô-la com facilidade. Lembre-se: este exercício é divertido.

c. Ainda sem levar em conta o ritmo reflexo ou pauta silenciosa, reproduza o padrão rítmico do asclepiadeu quarto compondo versos que façam algum sentido em português. Tome como paradigma as palavras de um seu poema, sermão, tratado ou romance dileto. Prefira textos clássicos, a fim de praticar com períodos longos, constantes de várias coordenações e subordinações.

d. Procure emendar os versos que compôs no item anterior inserindo-lhes alguns efeitos de contraste, tais como os descritos no comentário.

5) ASCLEPIADEU MAIOR: Ode IV, 10, Latim.

= – = U U = | = U U = | = U U = U O

Ō crūdēlĭs ădhūc, | ēt Vĕnĕrīs | mūnĕrĭbūs pŏtēns,
īnspērātă tŭaē | cūm vĕnĭēt | plūmă sŭpērbĭaē,
ēt, quaē nūnc hŭmĕrīs | īnvŏlĭtānt, | dēcĭdĕrīnt cŏmaē,
nūnc ēt quī cŏlŏr ēst | pūnĭcĕaē | flōrĕ prĭōr rŏsaē,
mūtātūs Lĭgŭrīnum | in făcĭēm | vērtĕrĭt hīspĭdām, 5
dīcēs "heū" quŏtĭēns | tē spĕcŭlō | vīdĕrĭs āltĕrūm,
"quaē mēns ēst hŏdĭē, | cūr ĕădēm | nōn pŭĕrō fŭīt,
vēl cūr hīs ănĭmīs | īncŏlŭmēs | nōn rĕdĕūnt gĕnaē?"

5) ASCLEPIADEU MAIOR: Ode IV, 10, Português.

= – = ∪ ∪ = | = ∪ ∪ = | = ∪ ∪ = ∪ ○

Ó cru**el** e té **qui** | **prín**cipe, **por** | **cau**sa dos **dons** de **Vê**nus,
quando *su*bita**men**te | *a*come**ter** | tua so**ber**ba ũa **plu**ma
e essa **co**ma que *re*|**voa** por **teu** | **om**bro ca**ir** no **chão**
e a tua **cor** que inda é **mais** | **vi**va que a **flor** | **rú**bida **du**ma **ro**sa
se mu**dar**, Liguri**no,** | **e** se tor**nar** | **em** caran**to**nha **các**tea,   5
"**Ai**", di**rás** toda **vez** | **quan**do no espe**lho** | *ob*serva**res-te ou**tro,
"a ca**be**ça de **ho**je | **em** rapa**go**te: | **o**ra por **que a** não **ti**ve,
ou, com esta baga**gem,** | **o**ra por **que as** | **be**las fei**ções** não **tor**nam?"

Comentário

a. O asclepiadeu maior, constante do menor com um coriambo entre os hemistíquios, multiplica, por isso, as dificuldades de reprodução vernácula, já que exige dois pares de tônicas justapostas – um, na sexta e na sétima sedes, como o menor, o outro, porém, na décima e na undécima: donde, em português, "**qui prín**cipe" (v. 1) e "**por cau**sa" (v. 1), respectivamente.
b. O efeito contrastante – como no latim "**mutatus**" (v. 5), em que "ta-" é tônica não marcada – pode perceber-se no vernáculo "tua" (v. 4), que no poema é monossílabo e, indiferentemente tônico ou átono, sugere tonicidade.
c. Esta curtíssima ode é toda ela uma única e longa sentença de oito versos. Nisso o vernáculo seguiu de perto o latim – como também no empenho de preservar, segundo a medida de nossas forças, a sequência dos vocábulos no interior dos versos.

Exercícios

a. Memorize o andamento e a divisão rítmica deste verso.
b. Deixando, por ora, de lado os efeitos contrastantes, procure reproduzir os ictos do asclepiadeu maior com quaisquer palavras que conseguir, independentemente do significado e da sintaxe. Repita o procedimento tantas vezes quantas forem necessárias, até dominar completamente este verso, e conseguir compô-lo com facilidade. Divirta-se praticando.
c. Ainda sem levar em conta o contraponto da segunda voz, reproduza o padrão rítmico do asclepiadeu maior compondo versos que façam algum sentido em português. Tome como paradigma as palavras de um seu poema, sermão, tratado ou romance dileto. Prefira textos clássicos, a fim de praticar com períodos longos, constantes de várias coordenações e subordinações. – Mas o múltiplo Fernando Pessoa é incontornável, se se pensa em poesia moderna que com a antiga medir-se possa, sobretudo, nisto de sintaxe latinizante, o heterônimo Ricardo Reis. Fernando Pessoa é o maior dos modernos.
d. Procure emendar os versos que compôs no item anterior inserindo-lhes alguns efeitos de contraste, tais como os descritos no comentário.
e. Tente avaliar o seu desempenho nos metros asclepiadeus. Quais foram as suas falhas mais recorrentes? Quando e como lhe parece que se saiu melhor? Tente remediar as falhas e aprimorar os sucessos – praticando, praticando e praticando. Lembre-se: a poesia é linguagem que dança, não apenas caminha. Faça, pois, sempre como os grandes bailarinos: seja o primeiro a chegar, o último a sair e o mais obstinado nos ensaios.

6) SÁFICO MENOR: Ode IV, 2, Latim.

= U = – = | U U = U = X
= U = – = | U U = U = X
= U = – = | U U = U = X
= U U = X

Pīndă**rūm** quīsquīs | stŭdĕt ae**mŭlārī**,
Iūllĕ, **cērātīs** | ŏpĕ **Daēdălēā**
nītĭ**tūr** **pēnnīs**, | vĭtrĕō dă**tūrūs**
nōmĭnă **pōntō**.

Mōntĕ **dēcūrrēns** | vĕlŭt **āmnĭs**, **īmbrēs**   5
quēm sŭ**pēr nōtās** | ălŭ**ērĕ rīpās**,
fērvĕt **īmmēnsūsquĕ** | rŭīt prŏ**fūndō**
Pīndă**rŭs ōrē**,

laūrĕā dōnāndŭs | Ă**pōllĭnārī**,
seū pĕr **aūdācēs** | nŏvă **dīthÿrāmbōs**   10
vērbă **dēvōlvīt** | nŭmĕ**rīsquĕ fēr**tūr
lēgĕ sŏ**lūtīs**,

seū dĕ**ōs rēgēsquĕ** | că**nīt** dĕ**ōrūm**
sānguĭ**nēm**, pĕr **quōs** | cĕcĭ**dērĕ iūstā**
mōrtĕ **Cēntaūrī**, | cĕcĭ**dīt** trĕ**mēn**daē   15
flāmmă **Chĭmaērae**,

sīvĕ **quōs Ēlĕā** | dŏ**mūm** rĕ**dūcīt**
pālmă **caēlēstīs** | pŭgĭ**lēm**ve ĕ**quūm**vĕ

6) SÁFICO MENOR: Ode IV, 2, Português.

= ∪ = – = | ∪ ∪ = ∪ = x
= ∪ = – = | ∪ ∪ = ∪ = x
= ∪ = – = | ∪ ∪ = ∪ = x
= ∪ ∪ = x

Pínda*ro*: quem **quer** | que emulá-lo in**ten**te,
Julo, em *ar*tefacto | de**dá**leo – a**la**da
cera – fia e **vai** | empres**tar** o **no**me ao
vítreo **pe**go.

Qual do **mon**te **rio** | despen**can**do – e tempes-   5
-**ta**de o es**prai**a a**lém** | da sa**bi**da **mar**gem –,
ferve e **se** despe**nha** | mag*ni*lo**quen**te
Píndaro i**men**so,

louros *me*recen**do** | ga**nhar** de A**po**lo,
já se *ne*olo**gis**mo | em au**da**zes **ver**te   10
*di*ti**ram**bos **e an**da | na **lei** da**que**les
ritmos so**lu**tos,

já se **deu**ses **can**ta | e, de **deu**ses **san**gue,
reis, por **cu**ja **mão** | hão ca**í**do **jus**ta-
-**men**te uns **tais** cen**tau**ros, | de **tal** Qui**me**ra a   15
hórrida **fla**ma,

quer se **lou**va os **que** | com a **pal**ma e**lei**a
tornam para **ca**sa | ce**les**tes – **pú**gil

dīcĭt ēt cēntūm | pŏtĭōrĕ sīgnīs
mūnĕrĕ dōnāt;   20

flēbĭlī spōnsaē | iŭvĕnēmvĕ rāptūm
plōrăt ēt vīrēs | ănĭmūmquĕ mōrēsque
aūrĕōs ēdūcĭt | ĭn āstră nīgrōque
īnvĭdĕt Ōrcō.

Mūltă Dīrcaēūm | lĕvăt aūră cy̆cnūm,   25
tēndĭt, Āntōnī, | quŏtĭēns ĭn āltōs
nūbĭūm trāctūs: | ĕgo ăpīs Mătīnaē
mōrĕ mŏdōquĕ

grātă cārpēntīs | thy̆mă pēr lăbōrēm
plūrĭmūm cīrcā | nĕmŭs ūvĭdīquĕ   30
Tībŭrīs rīpās, | ŏpĕrōsă pārvŭs
cārmĭnă fīngō.

Cōncĭnēs māiōrĕ | pŏētă plēctrō
Caēsărēm, quāndōquĕ | trăhēt fĕrōcēs
pēr săcrūm clīvūm | mĕrĭtā dĕcōrŭs   35
frōndĕ Sy̆gāmbrōs;

quō nĭhīl māiŭs | mĕlĭŭsvĕ tērrīs
fātă dōnāvērĕ | bŏnīquĕ dīvī
nēc dăbūnt, quāmvīs | rĕdĕānt ĭn aūrūm
tēmpŏră prīscūm.   40

Cōncĭnēs laētōsquĕ | dĭēs ĕt ūrbīs

ou ginete – e **mor** | do que **cem** es**tá**tuas
dá-lhes um **dom**, 20

ou da **flé**bil **noi**va | o sol**da**do au**sen**te
plange e a **for**ça, o es**pri**to | e as ma**nei**ras **su**as
áureos **al**ça aos **as**tros, | e **cau**sa in**ve**ja ao
túrbido **Or**co.

Grã lu**fa**da e**le**va | o de **Te**bas **cis**ne 25
quando, An**tô**nio, **quer** | que de**man**de a al**tu**ra
*nu*blosíssi**ma: eu**, | da ma**ti**na a**bel**ha ao
modo e ma**nei**ra,

que com **tan**to **cus**to | o to**mil**ho **gra**to
colhe, **nos** jar**dins** | e do *ro*ci**a**do 30
Tíbur **lo**go ao **pé** | 'scrupu**lo**so **li**mo
odes la**vra**das.

*Can*ta**rás** em **co**ro, | ó poeta-**mor**,
César **quan**do, or**na**do | de **jus**ta **cro**a,
pelo **mon**te **sa**cro | arras**tar** as **bes**tas- 35
-**fe**ras si**gam**bras,

ele, **de** quem **na**da | mai**or** à **ter**ra
ou **mel**hor o **fa**do | e os **bons deu**ses **de**ram
nem da**rão**, con**quan**to | vol**tas**se o **tem**po ao
prístino **ou**ro; 40

*can*ta**rás** as**sim** | **le**dos **di**as, **da ur**be

pūblĭcūm lūdūm | sŭpĕr īmpĕtrātō
fōrtĭs Aūgŭstī | rĕdĭtū fŏrūmquĕ
lītĭbŭs ōrbūm.

Tūm mĕaē, sīquīd | lŏquăr aūdĭēndūm, 45
vōcĭs āccēdēt | bŏnă pārs ĕt "Ō sōl
pūlchĕr, ō laūdāndĕ" | cănām rĕcēptō
Caēsărĕ fēlīx.

Tūquĕ dūm prōcēdĭs, | "Ĭō trĭūmphē"
nōn sĕmēl dīcēmŭs, | "Ĭō trĭūmphē", 50
cīvĭtās ōmnīs | dăbĭmūsquĕ dīvīs
tūră bĕnīgnīs.

Tē dĕcēm taūrī | tŏtĭdēmquĕ vāccaē,
mē tĕnēr sōlvēt | vĭtŭlūs, rĕlīctā
mātrĕ quī lārgīs | iŭvĕnēscĭt hērbīs 55
īn mĕă vōtā,

frōntĕ cūrvātōs | ĭmĭtātŭs īgnēs
tērtĭūm lūnaē | rĕfĕrēntĭs ōrtūm,
quā nŏtām dūxīt, | nĭvĕūs vĭdērī,
cētĕră fūlvūs. 60

pela ansia**da vol**ta | do **for**te Au**gus**to
públi**cos** festejos | e o **nos**so **fó**rum
livre de lidas.

Se algo, então, dis**ser** | que escu**tar** se pos**sa**, 45
toda a **mi**nha **voz** | sol**tarei** (ou **quase**) e
"**Salve**, ó **sol** mais **belo**" | entoa**rei feliz** com
César de **vol**ta: e

"**Ió** triun**fo**" a ti em | mili**tar** para**da**,
"**Ió** triun**fo**" ami**ú**de | **he**mos **de** di**zer** 50
todos **os** ci**vis** | e quei**mar** incen**so** aos
numes be**nig**nos.

*R*emir-**te-ão** dez **tou**ros | e o **mes**mo **tan**to em
vacas; um vi**te**lo | que **pas**ce, **ten**ro e
*des*ma**ma**do **já**, | na abun**dan**te **rel**va é o 55
meu holo**caus**to;

cuja **fron**te i**mi**ta | da **lua** os **cor**nos
ígneos **quan**do **vol**ve | o ter**cei**ro **cur**so:
onde **traz** a **mar**ca | da **lua** é **al**vo, a-
-**lhu**res é **ful**vo. 60

Comentário

a. Na estrofe sáfica, constante de três hendecassílabos sáficos mais um adônio, não há – apesar da cesura – justaposição de dois ou mais ictos ou tempos marcados, o que à primeira vista facilita bastante sua reprodução em português.
b. Se, porém, se considera o efeito contrastante que se dá em "**Te** de**cem** tau**ri**" (v. 53), por exemplo, em que os acentos gramaticais em "de-" e em "tau-", embora não marcados, acabam por sugerir sucessão de incríveis cinco tempos fortes, aí a aparente facilidade se torna difícil. Nesse passo particular, tentamos dar conta da facilidade difícil com "**Re**mir-**te-ão** dez **tou**ros", em que a primeira sílaba, "Re"-, originalmente átona, se lê como tônica, mercê do engaste ou modelo rítmico, a segunda, "mir-", mantém sua tonicidade (que aqui, porém, é uma tonicidade de segunda ordem ou reflexa, porquanto está fora do tempo marcado), a terceira, "te-ão-", e a quinta, "tou-", tônicas que são, não têm maiores particularidades, e a quarta, "dez", que pode ser tônica ou átona, sendo fechada, sugere tonicidade, enfim.
c. Quanto à elocução, trata-se de imitação horaciana da de Píndaro, que Horácio caracteriza como profunda e transbordante – daí "**tem**pes- / -**ta**de" (vv. 5-6) e "**jus**ta- / -**men**te" (vv. 14-15) em português, por exemplo, em que os vocábulos transbordam de um verso no seguinte. Note-se também o empenho de reproduzir em português a sequência de vocábulos do original, e a longa sentença de seis estrofes que dá início ao poema, que igualmente reproduzimos.

d. Finalmente, ainda que a cesura, em latim, seja muito mais comum na quinta que na sexta sede – que nada obstante há –, aproveitamos essa possibilidade em nossas traduções, a qual empregamos mais largamente que o original, mercê das particularidades léxicas da nossa língua.

Exercícios

a. Memorize o andamento e a divisão rítmica desta estrofe, a que mais rica fortuna teve, da Antiguidade tardia à Idade Média, e, pois, quiçá a mais importante, quando da passagem do latim vulgar às línguas novilatinas, no que toca à formação de seus metros e estrofes[1].

b. Deixando de lado os efeitos contrastantes, procure reproduzir os ictos do sáfico menor com quaisquer palavras que conseguir, independentemente do significado e da sintaxe. Repita o procedimento tantas vezes quantas forem necessárias, até dominar completamente esta estrofe e conseguir compô-la com facilidade. Pratique e divirta-se.

c. Ainda sem levar em conta o chamado ritmo reflexo, reproduza o padrão rítmico do sáfico menor compondo versos que façam algum sentido em português. Tome como paradigma as palavras de um seu poema, sermão, tratado ou romance dileto. Prefira textos clássicos, a fim de praticar com períodos longos, constantes de várias coordenações e subordinações.

d. Procure emendar os versos que compôs no item anterior inserindo-lhes alguns efeitos de contraste, tais como os descritos no comentário.

---
[1] Cf. LUQUE MORENO (1973).

7) SÁFICO SEGUNDO: Ode I, 8, Latim.

= U U = U = X
= U = – = | U U = | = U U = U = X
= U U = U = X
= U = – = | U U = | = U U = U = X

Lŷdĭă, dīc, pĕr ōmnīs
tē dĕōs ōrō, | Sȳbărīn | cūr prŏpĕrēs ămāndō
pērdĕrĕ, cūr ăprīcūm
ōdĕrīt cāmpūm | pătĭēns | pūlvĕrĭs ātquĕ sōlīs,

cūr nĕquĕ mīlĭtārīs   5
īntĕr aēquālīs | ĕquĭtēt, | Gāllĭcă nēc lŭpātīs
tēmpĕrĕt ōră frēnīs?
Cūr tĭmēt flāvūm | Tĭbĕrīm | tāngĕrĕ? Cūr ŏlīvūm

sānguĭnĕ vīpĕrīnō
caūtĭūs vītāt, | nĕquĕ iām | līvĭdă gēstăt ārmīs   10
brācchĭă saēpĕ dīscō,
saēpĕ trāns fĭnēm | iăcŭlō | nōbĭlĭs ēxpĕdītō?

Quīd lătēt, ūt mărīnaē
fīlĭūm dīcūnt | Thĕtĭdīs | sūb lăcrĭmōsă Troīaē
fūnĕră, nē vĭrīlīs   15
cūltŭs īn caēd**em ēt** | Lȳcĭās | prōrĭpĕrēt cătērvās?

7) Sáfico Segundo: Ode I, 8, Português.

= U U = U = X
= U = – = | U U = | = U U = U = X
= U U = U = X
= U = – = | U U = | = U U = U = X

Pelo Panteão, ó Lídia: a
Síba*ris* por **que** | (por favor) | **tei**mas em *truc*i**dar** a-
-**man**do; por **que o** a**ber**to
campo e**xe**cra **já**, | onde **pó e** | **sal** su**por**tar so**í**a,

nem entre os *bel*i**co**sos   5
*com***pan**heiros **não** | gine**teia,** | **ou** com den**ta**da **bri**da
gálica **bo**ca **do**ma; por
que no **fla**vo **Ti**bre | i**mer**gir | **te**me; por **que** dos **ó**leos

mais que de o**fí**dio **san**gue es-
-**qui**va-se mui **cau**to | e não **mais** | **lí**vidos **bra**ços **ter**çam   10
armas, o **dis**co **tan**to
quanto o **dar**do a**lém** | da sua **me**ta | **ín**clito em *a***ti**rar, e

qual da ma**rin**ha **Té**tis o
filho (as**sim** se **diz**) | ele **jaz** | **sob** as tro**ia**nas **lá**grimas
fúnebres **por** que o as**sei**o   15
máscu**lo ao** e**xí**cio | e aos le**tais** | **Lí**cios o **não** le**vas**se?

Comentário

a. Constante de dois dísticos de aristofânico com sáfico maior, a chamada segunda estrofe sáfica foi usada por Horácio uma única vez, precisamente nesta ode.
b. O verso dito aristofânico não apresenta grandes dificuldades de reprodução em português, haja vista que, nele, há total coincidência entre icto e acento gramatical.
c. Não assim o sáfico maior, verso longo que tem duas cesuras principais, e cujo ritmo justapõe dois tempos fortes, na oitava e na nona sedes, como em "**meta ín**clito" (v. 12) e "le**tais Lí**cios" (v. 16), por exemplo.
d. Note-se ainda a abundância de contrastes criados pela não coincidência entre icto e acento gramatical nos dois primeiros membros desse verso, o que só mui imperfeitamente, aqui e ali, conseguimos reproduzir em português – como, por exemplo, em "**dar**do a**lém**" (v. 12), em que a sinalefa mal sugere a tonicidade do "fi-" em "**trans** fi**nem**" (v. 12), e, melhor, em "mui **cau**to" (v. 10), no qual "mui" é tão átono como tônico e, assim, replica mais perfeitamente o acento fora do icto de "vi**tat**" (v. 10).
e. Quanto ao estilo, o poema é todo ele uma única pergunta de quatro estrofes, com todas as subordinações e circunvoluções cabíveis, e foi justamente isso que tentamos reproduzir em português.

Exercícios

a. Memorize o andamento e a divisão rítmica desta estrofe.
b. Deixando de lado o ritmo reflexo, procure reproduzir os ictos do sáfico segundo com quaisquer palavras que lhe ocorrerem, independentemente do significado e da sintaxe. Repita o procedimento tantas vezes quantas forem necessárias, até dominar completamente esta estrofe e conseguir compô-la com facilidade.
c. Ainda sem levar em conta os efeitos contrastantes, reproduza o padrão rítmico do sáfico segundo compondo versos que façam algum sentido em português. Tome como paradigma as palavras de um seu poema, sermão, tratado ou romance dileto. Prefira textos clássicos, a fim de praticar com períodos longos, constantes de várias coordenações e subordinações.
d. Procure emendar os versos que compôs no item anterior inserindo-lhes alguns efeitos de contraste, tais como os descritos no comentário.
e. Como foi o seu desempenho nos metros sáficos? Fuja da indulgência: seja objetivo, frio, implacável consigo mesmo. Lembre-se: Virgílio, o divino Virgílio, provavelmente o maior poeta do Ocidente, aproveitava menos de um verso por dia, das dezenas que compunha. Imite Virgílio.

8) ALCAICO: Ode IV, 9, Latim.

x = u = – | = u u = u o
x = u = – | = u u = u o
x = u = – – = u = x
= u u = u u = u = x

Nē fōrtĕ crēdās | īntĕrĭtūră quaē
lōngē sŏnāntēm | nātŭs ăd Aūfĭdūm,
 nōn āntĕ vōlgātās pĕr ārtēs
  vērbă lŏquōr sŏcĭāndă chōrdīs:

Nōn, sī prĭōrēs | Maĕŏnĭūs tĕnēt   5
sēdēs Hŏmērūs, | Pīndărĭcaē lătēnt,
 Cēaēque, ĕt Ālcaēī mĭnācēs,
  Stēsĭchŏrīquĕ grăvēs Cămēnaē,

nēc, sī quĭd ōlīm | lūsĭt Ănācrĕōn,
dēlēvĭt aētās; | spīrăt ădhūc ămōr,   10
 vīvūntquĕ cōmmīssī călōrēs
  Aĕŏlĭaē fĭdĭbūs pŭēllaē.

Nōn sōlă cōmptōs | ārsĭt ădūltĕrī
crīnēs ĕt aūrūm | vēstĭbŭs īllĭtūm
 mīrātă rēgālēsquĕ cūltūs   15
  ĕt cŏmĭtēs Hĕlĕnē Lăcaēnā,

prīmūsvĕ Teūcēr | tēlă Cўdōnĭō
dīrēxĭt ārcū, | nōn sĕmĕl Īlĭŏs

8) ALCAICO: Ode IV, 9, Português.

```
x = u = –  |  = u u = u o
x = u = –  |  = u u = u o
x = u = – = u = x
= u u = u u = u = x
```

Não **crei**as, **não**, que a | **voz** a ca**lar**-se **ven**ha
que eu, **na**do ao **pé** lá | **do Áu**fi**do** so**no**ro**so**,
por **ar**tes **cá** sem *prece***den**tes
solto das **cor**das a*com***pa**n**ha**do:

se **so**be ao **pos**to | **mais** ele**va**do o me**ô**nio   5
Ho**me**ro, **nem** de | **Pín**daro *des*pa**re**cem
nem **as** de **Ceos** e Al**ceu** mi**na**zes
ou de Este**sí**coro **gra**ve as **Mu**sas,

nem **o** de outro**ra** | **jo**go de A**na**cre**on**te
de**liu** a i**da**de | – **e ar**fa **in**da **ho**je o a**mor**   10
e *so*bre**vi**vem **os** ca**lo**res
fia**dos** à **li**ra da **mo**ça e**ó**lia.

Não ar**deu** sozinha | **quan**do do *se***du**tor o
pen**tea**do, os **fi**os | **d'oi**ro na**que**las **ves**tes,
o a**pru**mo e a *co*mi**ti**va **reais**   15
*ins*pecio**nou** a espar**ta**na He**le**na,

nem **Teu**cro **foi** quem | **fre**chas lan**çou** pri**mei**ro ao
ci**dô**nio **ar**co, | **Í**lion **não** só uma **vez**

Capítulo IV   119

vēxātă, nōn pūgnāvĭt īngēns
Īdŏmĕneūs Sthĕnĕlūsvĕ sōlūs   20

dīcēndă Mūsīs | proēlĭă, nōn fĕrōx
Hēctōr vĕl ācēr | Dēĭphŏbūs grăvēs
ēxcēpĭt īctūs prō pŭdīcīs
cōniŭgĭbūs pŭĕrīsquĕ prīmūs.

Vīxērĕ fōrtēs | ānte Ăgămēmnŏnă   25
mūltī; sĕd ōmnēs | īllăcrĭmābĭlēs
ūrgēntŭr īgnōtīquĕ lōngā
nōctĕ, cărēnt quĭă vātĕ sācrō.

Paūlūm sĕpūltaē | dīstăt ĭnērtĭaē
cēlātă vīrtūs. | Nōn ĕgŏ tē mēĭs   30
chārtīs ĭnōrnātūm sĭlēbō,
tōtvĕ tŭōs pătĭār lăbōrēs

īmpūnĕ, Lōllī, | cārpĕrĕ līvĭdās
ōblīvĭōnēs. | Ēst ănĭmūs tĭbī
rērūmquĕ prūdēns ēt sĕcūndīs   35
tēmpŏrĭbūs dŭbĭīsquĕ rēctūs,

vīndēx ăvāraē | fraūdĭs, ĕt ābstĭnēns
dūcēntĭs ād sē | cūnctă pĕcūnĭaē,
cōnsūlquĕ nōn ūnīŭs ānnī,
sĕd quŏtĭēns bŏnŭs ātquĕ fĭdūs   40

iūdēx hŏnēstūm | praētŭlĭt ūtĭlī,

si**tiou**-se, **não** lu**tou** sozinho
*I*do**meneu** ou o ingente Esténelo   20

batalhas **dignas** | **de** musicarem-<u>**se ou**</u>
o **fero** Heitor ou | <u>**Deí**</u>fobo sevo, em **hon**ra
da **pro**ba espo**sa** e filhos, **graves**
golps levaram pio*nei*ramente.

Viveram **muitos** | **antes** de A**ga**menão   25
he**róis**, mas **todos** | **ja**zem in*con*so**láveis**,
em **longa** ignotos **noite** e o**pres**sos,
*por*que carecem de um **vate** sacro.

Difere **pou**co a | **já** sepul**ta**da inércia
da **proeza** oculta. | **Eu** nestes **meus** pa**péis** 30
não **vou** deixar-te em **bran**co e os **teus**
tantos trabalhos sofrer quieto

que im*pu*ne**men**te o | **lí**vido o**blí**vio os **colha**,
ó **Lólio, pois** tens | **'spírito nos** negócios
prudente e reto em *cir*cunstâncias   35
já favo**rá**veis já *du*bi**ís**simas,

que *vin*ga**dor** é | <u>**da á**</u>vida **frau**de e, **pu**ro
do **vil** metal que | **tu**do após **si a**trai,
é **côn**sul **não** de um ano **só**, se-
-**não** tantas **vezes** em <u>**que o**</u> honesto   40

prepôs ao **útil**, | **bom** e fiel juiz, e

rēiēcĭt āltō | dōnă nŏcēntĭūm
vūltū, pĕr ōbstāntēs cătērvās
ēxplĭcŭīt sŭă vīctŏr ārmă.

Nōn pōssĭdēntēm | mūltă vŏcāvĕrīs   45
rēctē bĕātūm; | rēctĭŭs ōccŭpāt
nōmēn bĕātī, quī dĕōrūm
mūnĕrĭbūs săpĭēntĕr ūtī

dūrāmquĕ cāllēt | paūpĕrĭēm pătī,
pēiūsquĕ lētō | flāgĭtĭūm tĭmēt: 50
nōn īllĕ prō cārīs ămīcīs
aūt pătrĭā tĭmĭdūs pĕrīrē.

negou suborno, | cenho fechado, de
corruptos, e entre imigas hostes
vitorioso brandiu as armas.

Àquele que tem | muito não *chamarás*   45
feliz decerto; | tanto mais certo enverga
o nome *de* feliz quem sabe as
graças dos deuses u*t*ilizar

com siso e a dura, | sim, suportar miséria e
melhor o Lete | julga que a *ig*nomínia: 50
que em prol de seus amigos caros
ou pela pátria morrer não teme.

Comentário

a. Constante de dois hendecassílabos, um eneassílabo e um decassílabo alcaicos, esta estrofe – a mais utilizada por Horácio em suas *Odes* – não tem ictos justapostos, o que facilita um pouco, sim, a sua replicação em português.

b. Sem embargo, a circunstância de que a sílaba ocupante da quinta sede do hendecassílabo – e, logo, imediatamente anterior à cesura – é sempre e invariavelmente longa deve ser levada em consideração, pelo que nos esforçamos, na sede portuguesa análoga, por colocar sílaba fechada, ditongo ou até gramaticalmente tônica, dotando-a, pois, do mesmo "peso" da latina: como, por exemplo, em "tem" (v. 45), "pou<u>co a</u>" (v. 29) e "é" (v. 37), entre outras.

c. O efeito contrastante de "iu**dex**", por exemplo, cuja primeira sílaba, gramaticalmente acentuada, está fora do tempo marcado, foi reproduzido pelo vernáculo "com **si**so", em que "com", sendo indiferentemente átono ou tônico, pode sugerir tonicidade.

d. Os eneassílabos e decassílabos, desprovidos de cesura, não oferecem grandes desafios à sua reprodução vernácula – ao menos nesse aspecto.

e. Por outro lado, ao facto de que neles predomina a não coincidência entre tempo marcado e acento gramatical (isto é, abundam os efeitos contrastantes), a qual harmônica e engenhosamente se resolve na coincidência da última sílaba da estrofe, não encontramos um equivalente à altura, em português, – a não ser, quem sabe, a pálida tonicidade de "<u>de um</u>" (v. 39), que faz as vezes de efeito contrastante.

f. Para o estilo, note-se a tentativa de seguir de perto a ordem latina dos vocábulos, e a longa sentença de quatro estrofes, do v. 29 ao v. 44, que reproduzimos em português.

Exercícios

a. Memorize o andamento e a divisão rítmica desta estrofe: vamos, não se acanhe, fabrique onomatopeias e batuque na escrivaninha!
b. Deixando, por ora, de lado a segunda voz, procure reproduzir a primeira dos ictos com quaisquer palavras que puder, independentemente do significado e da sintaxe. Repita o procedimento tantas vezes quantas forem necessárias, até dominar completamente esta estrofe e conseguir compô-la com facilidade.
c. Ainda sem cuidar nos efeitos contrastantes, reproduza o padrão rítmico do alcaico compondo versos que façam algum sentido em português. Tome como paradigma as palavras de um seu poema, sermão, tratado ou romance dileto. Prefira textos clássicos, a fim de praticar com períodos longos, constantes de várias coordenações e subordinações. A *Vida de D. Frei Bertolameu dos Mártires*, do frei Luís de Sousa, é simplesmente um tesouro: desenterre-o, gaste-o, use-o.
d. Procure emendar os versos que compôs no item anterior inserindo-lhes alguns efeitos de contraste, tais como os descritos no comentário.
e. Como foi o seu desempenho no metro alcaico? Compare-se com os melhores antes de chegar a um veredicto.

9) A%%RQUILÓQUIO PRIMEIRO%%: Ode I, 7, Latim.

= ᴜᴜ = ᴜᴜ = | ᴜᴜ = ᴜᴜ = ᴜᴜ = x
= ᴜᴜ = ᴜᴜ = ᴜᴜ = x
= ᴜᴜ = ᴜᴜ = | ᴜᴜ = ᴜᴜ = ᴜᴜ = x
= ᴜᴜ = ᴜᴜ = ᴜᴜ = x

Laūdābūnt ălĭī | **clārām** Rhŏdŏn **aūt** Mўtĭlēnēn
aūt Ēphĕsōn bĭmărīsvĕ **Cŏrīnthī**
moēnĭă vēl Bācchō | **Thēbās** vĕl **Ăpōllĭnĕ Dēlph**ōs
īnsīgnīs aūt **Thēs**sălă **Tēmpē**;

sūnt quĭbŭs **ūnum ŏpŭs ēst** | **īntāc**tae **Pāllă**dĭs **ūrbēm**   5
cārmĭnĕ pērpĕtŭō cĕlĕbrāre ēt
ūndĭquĕ dēcērptām | **frōntī** praē**pōnĕre ŏlīvām**;
plūrĭmŭs īn Iūnōnĭs hŏnōrēm

āptūm dīcĕt ĕquīs | **Ārgōs dītīsquĕ Mўcēnās:**
mē nēc **tām pătĭēns Lăcĕdaēmōn**   10
nēc tām Lărīsae | **pērcūssīt cāmpŭs ŏpīmae**,
quām dŏmŭs **Ālbŭnĕae** rĕ**sōnāntīs**

ēt praēcēps Ănĭo āc | **Tībūrnī lūcŭs ēt ūdă**
mōbĭlĭbūs pōmārĭă rīvīs.
Ālbŭs ŭt **ōbscūrō** | **dētērgĕt nūbĭlă caēlō**   15
saēpĕ Nŏtŭs nĕquĕ pārtŭrĭt īmbrēs

pērpĕtŭō, sīc **tū** | **săpĭēns fĭnīrĕ mĕmēntō**
trīstĭtĭām vītaēquĕ lăbōrēs

9) ARQUILÓQUIO PRIMEIRO: Ode I, 7, Português.

= ᴗᴗ = ᴗᴗ = | ᴗᴗ = ᴗᴗ = ᴗᴗ = x
= ᴗᴗ = ᴗᴗ = ᴗᴗ = x
= ᴗᴗ = ᴗᴗ = | ᴗᴗ = ᴗᴗ = ᴗᴗ = x
= ᴗᴗ = ᴗᴗ = ᴗᴗ = x

Uns louva**rão** ou **Ro**des | cla**rís**sima **ou** Miti**le**ne,
Éfeso ou **as** de Co**rin**to mu**ra**lhas
entre dois **ma**res, a **Te**bas | de **Ba**co ou a in**sig**ne de A**po**lo
Delfos **ou** o tes**sá**lico **Tem**pe;

de outros o **só mis**ter | é da in**tac**ta **Pa**las a **ur**be em   5
carmes con**tí**nuos can**tar** e can**tar**, e
*en*trete**cer**, por**tan**to, | a **fron**te coa u**bí**qua oli**vei**ra;
muitos tam**bém** em **hon**ra de **Ju**no

hão de ento**ar** a eques**trís**|sima **Ar**gos e a **ri**ca Mi**ce**nas: a
mim nem La*ce*de**mô**nia aguer**ri**da   10
nem da opu**len**ta La**ris**sa | assim **tan**to os **cam**pos to**ca**ram
quanto a **ca**sa da Al**bú**nea so**nan**te e o

Ânio pre**cí**pite e o **bos**que | do **Tí**bur e os **seus**, roci**a**dos
de serpe**an**tes ri**bei**ras, po**ma**res.
Tal como o **al**vo **No**to | ami**ú**de as **nu**vens a**lim**pa ao   15
céu escu**rís**simo e e**ter**nas bor**ras**cas

não pro**duz**, tu tam**bém** | um **ter**mo te **lem**bres de **pôr**, ó
Planco pru**den**te, à tris**te**za e tra**ba**lhos da

mōllī, Plāncĕ, mĕrō, | seū tē fŭlgēntĭă sīgnīs
cāstră tĕnēnt, seū dēnsă tĕnēbīt   20

Tībŭrĭs ūmbră tŭī. | Teūcēr Sălămīnă pătrēmquĕ
cūm fŭgĕrēt, tămĕn ūdă Lÿaēō
tēmpŏră pōpŭlĕā | fērtūr vīnxīssĕ cŏrōnā,
sīc trīstīs āffātŭs ămīcōs:

"Quō nōs cūmquĕ fĕrēt | mĕlĭōr fōrtūnă părēntē,   25
ībĭmŭs, ō sŏcĭī cŏmĭtēsquĕ;
nīl dēspērāndūm, | Teūcrō dŭcĕ ĕt aūspĭcĕ Teūcrō.
Cērtŭs ĕnīm prōmīsĭt Āpōllō

āmbĭgŭām tēllūrĕ | nŏvā Sălămīnă fŭtūrām.
Ō fōrtēs pēiōrăquĕ pāssī   30
mēcūm saēpĕ vĭrī, | nūnc vīnō pēllĭtĕ cūrās;
crās īngēns ĭtĕrābĭmŭs aēquōr".

vida com vinho molís|simo, **já** os quar**téis** de ful**gen**tes
*pa*vil**hões** te entre**ten**ham, já a **den**sa   20

som**bra do** teu Tíbur. | Pois **Teu**cro do **pai** e Sala**mi**na
quando fu**giu**, (rociadas de **Lieu**) suas
têmporas **diz**-se enfei**tou** | lá **com** de pa**poi**la uma **cro**a,
tanto di**zen**do aos **tris**tes a**mi**gos:

"**A**onde **quer** que nos **le**ve | for**tu**na me**lhor** que a pa**ter**na,   25
lá nos **i**remos, ó **só**cios, con**fra**des;
nada <u>se há</u> de te**mer**, | se **Teu**cro vos **le**va e vos **gui**a.
Pois prome**teu** o certíssimo A**po**lo

que uma an**fí**bia em **no**vo | ter**re**no ha**ve**rá Sala**mi**na.
Ó va**len**tes va**rões**, que pas**sas**tes   30
piores co**mi**go a**miú**de: | com **vi**nho ex**pe**li ora as **cu**ras;
crás torna**re**mos ao **túr**bido **pe**go".

Comentário

a. Composto por dois dísticos de hexâmetro com tetrâmetro dactílico cataléctico, o arquilóquio primeiro não oferece grandes dificuldades para reproduzir-se em português (vide abaixo o epodo XII no número 16, pp. 166-69).

b. De ambos os dois – o tetrâmetro é segmento do hexâmetro – a maior talvez seja a abundância de efeitos contrastantes (ou, em outras palavras, a estudiosa *desarmonia harmônica* de Ritschl[1]), virtualmente impossível de reproduzir, não só em português, como, quiçá, em qualquer das modernas línguas de cultura, alemão inclusive; valham, porém, por testemunho do nosso esforço um tetrâmetro como "**lá** nos i**re**mos, ó **só**cios, con**fra**des" (v. 26), em que, sendo as sílabas não marcadas "nos" e "ó" indiferentemente átonas ou tônicas, e "con-" subtônica, damos pálida imagem vernácula do vigoroso "**i**bimus, **o** soci**i** comi**tes**que" (v. 26) que buscamos reproduzir; – e, no caso do hexâmetro, cite-se, por exemplo, o "**têm**poras **diz**-se enfei**tou** lá **com** de pa**poi**la uma **cro**a" (v. 23), em que a sílaba fechada "en-" e o ditongo "fei-", mais a indefinição de tonicidade em "lá **com**" (que apenas

---

[1] Cf. RITSCHL (1868), p. xii: "... os segredos da 'desarmonia harmônica' entre acento de verso e acento de palavra, da qual a métrica antiga, e de maneira particularmente especial a romana, tão essencialmente dependem. Com efeito, trata-se apenas de diversa acomodação de ambos os elementos (consonância e dissonância), já que o hexâmetro dactílico resolve a não coincidência entre acento de verso e acento de palavra no primeiro hemistíquio em coincidência, no segundo".

o engaste rítmico nos faz decidir pela última), parecem sugerir, sim, um pouco da desarmonia harmônica do análogo "**tēm**pŏră **pō**pŭlĕā **fēr**tūr vīn**xīs**sĕ cŏrōnā" (v. 23).

c. Finalmente, sendo o poema inteirinho composto apenas por duas longas sentenças e suas sobordinações (vv. 1-14 e vv. 15-32), tentamos replicá-lo em português guardando também, na medida do possível, a mesma ordem dos vocábulos no interior dos versos.

Exercícios

a. Memorize o andamento e a divisão rítmica desta estrofe.

b. Sem se preocupar com a segunda voz, procure reproduzir a primeira dos ictos com quaisquer palavras que puder, independentemente do significado e da sintaxe. Repita o procedimento tantas vezes quantas forem necessárias, até dominar completamente esta estrofe e conseguir compô-la com facilidade. Tente divertir-se praticando.

c. Ainda sem cuidar nos efeitos contrastantes, reproduza o padrão rítmico do arquilóquio primeiro compondo versos que façam algum sentido em português. Tome como paradigma as palavras de um seu poema, sermão, tratado ou romance dileto. Prefira textos clássicos, a fim de praticar com períodos longos, constantes de várias coordenações e subordinações.

d. Procure emendar os versos que compôs no item anterior inserindo-lhes alguns efeitos de contraste, tais como os descritos no comentário.

10) Arquilóquio Segundo: Ode: IV, 7, Latim.

= ᴗᴗ = ᴗᴗ = | ᴗᴗ = ᴗᴗ = ᴗᴗ = x
= ᴗᴗ = ᴗᴗ o
= ᴗᴗ = ᴗᴗ = | ᴗᴗ = ᴗᴗ = ᴗᴗ = x
= ᴗᴗ = ᴗᴗ o

Dīffūgērĕ nĭ**vēs,** | rĕdĕ**ūnt** iām grāmĭnă **cām**pīs
ārbŏrĭ**būs**quĕ cŏ**maē;**
mūtāt **tēr**ră vĭ**cēs** | ēt dēcrēscēntĭă **rī**pās
flūmĭnă **praē**tĕrĕūnt;

Grātĭă **cūm Nŷm**phīs | gĕmĭ**nīs**quĕ sŏrō**rĭ**bŭs aū**dēt**   5
dūcĕrĕ **nū**dă chŏ**rōs:**
īmmōr**tā**lĭă **nē** | spē**rēs,** mŏnĕt **ān**nŭs ēt **āl**mūm
quaē răpĭt **hō**ră dĭ**ēm.**

Frīgŏră mī**tēs**cūnt | Zĕphy̆**rīs,** vēr **prō**tĕrĭt **aēs**tās,
īntĕrĭ**tū**ră sĭ**mūl**   10
pōmĭfĕr aū**tūm**nūs | frū**gēs** ēffū**dĕ**rĭt, **ēt** mōx
brūmă rĕ**cūr**rĭt ĭ**nērs.**

Dāmnă tă**mēn** cĕlĕ**rēs** | rĕpă**rānt** caē**lēs**tĭă **lū**naē:
nōs, ŭbĭ **dē**cĭdĭ**mūs**
quō pĭŭs Aē**nē**ās, | **quō Tūl**lūs **dī**vĕs ēt **Ān**cūs,   15
pūlvĭs ēt **ūm**bră sŭ**mūs.**

Quīs scĭt ăn ādĭcĭ**ānt** | hŏdĭ**ēr**naē **crās**tĭnă **sūm**maē
tēmpŏră **dī** sŭpĕ**rī?**

10) Arquilóquio Segundo: Ode: IV, 7, Português.

= ‿‿ = ‿‿ = | ‿‿ = ‿‿ = ‿‿ = x
= ‿‿ = ‿‿ o
= ‿‿ = ‿‿ = | ‿‿ = ‿‿ = ‿‿ = x
= ‿‿ = ‿‿ o

Já fugiram as **ne**ves, | a **rel**va aos **cam**pos re**tor**na
e aos arvo**re**dos a **co**ma;
muda a **ter**ra as fei**ções**, | e, min**guan**do, ao **lon**go das **mar**gens
vão passe**an**do os ar**roi**os.

Graça (**mais** as **Nin**fas | e as **gê**meas ir**mãs**) eis se a**tre**ve a   5
*con*du**zir nu**a os seus **co**ros.
"**Na**da imor**tal** não es**pe**res" | ad**ver**te o **a**no e a **ho**ra
que o **al**mo **di**a te **rou**ba.

Frios se a**mai**nam cos **zé**firos, **pi**sa | ve**rão em** prima**ve**ra,
*es*face**lan**do-se as**sim**   10
que o po**mí**fero ou**to**no | seus **fru**tos es**pa**lhe, e em se**gui**da a
bruma re**cor**re hiber**nan**te. **Aos**

danos ce**les**tes, po**rém**, | **re**param as **cé**leres **lu**as:
nós, uma **vez** que ca**í**mos
onde E**nei**as pa**ter**no, | o **ri**co **Tu**lo mais **An**co,   15
sombra e **pó** somos **já**.

Ora, quem **sa**be se à **so**ma | de **ho**je aman**hãs** acres**cen**tam
extras os **deu**ses su**per**nos?

Cūnctă mănūs ăvĭdās | fŭgĭēnt hērēdĭs, ămīcō
quaē dĕdĕrīs ănĭmō.   20

Cūm sĕmĕl ōccĭdĕrīs | ēt dē tē splēndĭdă Mīnōs
fēcĕrĭt ārbĭtrĭă,
nōn, Tōrquātĕ, gĕnūs, | nōn tē fācūndĭă, nōn tē
rēstĭtŭēt pĭĕtās;

īnfērnīs nĕque ĕnīm | tĕnĕbrīs Dīānă pŭdīcūm   25
lībĕrăt Hīppŏlўtūm
nēc Lēthaĕă văl ēt | Thēseūs ābrūmpĕrĕ cārō
vīncŭlă Pīrĭthŏō.

Tudo o que às ávidas **mãos** | 'scapará do her**d**eiro, é o que **d**eres
ao teu espírito a**m**igo.   20

Logo que **tu** te apa**g**ares | e **M**inos juízos esplên**d**idos
der a respeito de **ti**,
nem, Torquato, a prosápia, | nem <u>a e</u>loquência ou a piedade
hão de to *res*tituir.

Pois das ínferas **tr**evas **nem** | Diana o pu**d**ico Hi-   25
-**pó**lito **nun**ca liber**t**a,
nem as leteias ca**d**eias | Te**seu** conse**g**ue rom**per**
ao seu querido Pirítoo.

Comentário

a. Constante de dois dísticos de hexâmetro com trímetro dactílico cataléctico – o qual não admite substituição de dáctilo por espondeu, note-se bem –, o arquilóquio segundo foi utilizado por Horácio apenas e tão-somente nesta ode.
b. No que toca, pois, à desarmonia harmônica do hexâmetro, cite-se, por exemplo, o hemistíquio "**O**ra, quem **sa**be se à **so**ma" (v. 17), no qual a tonicidade indiferente de "quem" e a sinalefa "<u>se à</u>" fazem as vezes do efeito contrastante de "scit" e "di-" em "**Quīs** scĭt ăn ādĭcĭānt" (v. 17).
c. Quanto ao trímetro dactílico cataléctico, no qual predomina a não coincidência entre tempo marcado e acento gramatical – inclusive na última sílaba –, é preciso mencionar "*con*duzir **nu**a os seus **co**ros" (v. 6), em que, sugerindo-se tonicidade em "du-" pelo parentesco com "con**du**zo", e enfatizando-se o acento de "**nu**a" sem esquecer a tonicidade de "-zir", cria-se um claro efeito de contraste entre ritmo patente e latente, acentos principais e secundários.
d. Da elocução repita-se mais ou menos o de praxe aqui: reprodução da ordem mesma das palavras latinas na medida em que o permita a sintaxe do português, e, desenvolvendo recurso do mesmo Horácio (que, porém, o usa com mais parcimônia que nós), a quebra ou secção de palavras em dois versos distintos, como "Hi- -**pó**lito" (vv. 25-26), para salvaguardar o metro.

Exercícios

a. Memorize o andamento e a divisão rítmica desta estrofe.
b. Sem se preocupar com a segunda voz, procure reproduzir a primeira dos ictos com quaisquer palavras que lhe ocorrerem, independentemente do significado e da sintaxe. Repita o procedimento tantas vezes quantas forem necessárias, até dominar completamente esta estrofe e conseguir compô-la com facilidade.
c. Ainda sem levar em conta os efeitos contrastantes, reproduza o padrão rítmico do arquilóquio segundo compondo versos que façam algum sentido em português. Tome como paradigma as palavras de um seu poema, sermão, tratado ou romance dileto. Prefira textos clássicos, a fim de praticar com períodos longos, constantes de várias coordenações e subordinações.
d. Procure emendar os versos que compôs no item anterior inserindo-lhes alguns efeitos de contraste, tais como os descritos no comentário.

11) Arquilóquio Terceiro: Ode I, 4, Latim.

= ᴗᴗ = ᴗᴗ = | ᴗᴗ = ᴗᴗ ‖ = ᴗ = ᴗ = x
x = ᴗ = x | = ᴗ = ᴗ = x
= ᴗᴗ = ᴗᴗ = | ᴗᴗ = ᴗᴗ ‖ = ᴗ = ᴗ = x
x = ᴗ = x | = ᴗ = ᴗ = x

Sōlvĭtŭr ācrĭs hĭēms | grātā vĭcĕ ‖ vērĭs ēt Făvōnī,
trăhūntquĕ sīccās | māchĭnaē cărīnās,
āc nĕquĕ iām stăbŭlīs | gaūdēt pĕcŭs, ‖ aūt ărātŏr īgnī,
nēc prātă cānīs | ālbĭcānt prŭīnīs.

Iām Cÿthĕrēă chŏrōs | dūcīt Vĕnŭs, ‖ īmmĭnēntĕ Lūnā,   5
iūnctaēquĕ Nŷmphīs | Grātĭaē dĕcēntēs
āltērnō tērrām | quătĭūnt pĕdĕ, ‖ dūm grăvēs Cÿclōpūm
Vūlcānŭs ārdēns | ūrĭt ōffĭcīnās.

Nūnc dĕcĕt aūt vĭrĭdī | nĭtĭdūm căpŭt ‖ īmpĕdīrĕ mŷrtō,
aūt flōrĕ, tērraē | quēm fĕrūnt sŏlūtaē,   10
nūnc ĕt ĭn ūmbrōsīs | Faūnō dĕcĕt ‖ īmmŏlārĕ lūcīs,
seū pōscăt āgnā, | sīvĕ mālĭt haēdō.

Pāllĭdă mōrs aēquō | pūlsāt pĕdĕ ‖ paūpĕrūm tăbērnās,
rēgūmquĕ tūrrēs. | Ō bĕātĕ Sēstī,
vītaē sūmmă brĕvīs | spēm nōs vĕtăt ‖ īnchŏārĕ lōngām.   15
Iām tē prĕmēt nōx, | fābŭlaēquĕ Mānēs,

ēt dŏmŭs ēxīlīs | Plūtōnĭă; ‖ quō sĭmūl mĕārīs,
nēc rēgnă vīnī | sōrtĭĕrĕ tālīs,
nēc tĕnĕrūm Lÿcĭdān | mīrābĕrĕ, ‖ quō călēt iŭvēntūs
nūnc ōmnĭs ēt mōx | vīrgĭnēs tĕpēbūnt.   20

11) Arquilóquio Terceiro: Ode I, 4, Português.

= ∪∪ = ∪∪ = | ∪∪ = ∪∪ ‖ = ∪ = ∪ = x
x = ∪ = x | = ∪ = ∪ = x
= ∪∪ = ∪∪ = | ∪∪ = ∪∪ ‖ = ∪ = ∪ = x
x = ∪ = x | = ∪ = ∪ = x

Funde-se o agro inverno | na graça das ‖ flores **e o** favônio,
tracionam secos | máquinas os cascos,
nem no estábulo o gado | não folga nem ‖ **já o** peão no fogo
ou prado em cãs bran|queia da geada.

Vênus citérea conduz | os coros, lá ‖ vem o *plenilú*nio,   5
e, junto às Ninfas, | Graças *de*corosas
pés no chão batem alternados, | enquanto as ‖ graves *o*ficinas
Vulcano ardente in|cende dos Ciclopes.

Ora convém a olorosa| cabeça ou de ‖ verde mirto ornar ou
de flor que terras | brotam *de*volutas,   10
ora em bosques umbrosos | convém dar ao ‖ Fauno u*ma o*ferenda,
já peça uma anha, | já prefira um bode.

Pálida morte com pé | idêntico ‖ pisa a pobre choça
e os **reais** castelos. | Ó beato Séstio, a
soma da vida brevís|sima poda-nos ‖ longas *e*speranças;   15
eis que te esmaga a | noite e os fictos Manes e a

casa plutônia exilí|ssima; onde, uma ‖ vez que lá chegares,
do vinho os reinos | **não ob**terás no dado ou
Lícidas tenro jamais | reverás, pelo ‖ qual mancebos ardem
agora e logo as | moças *quen*tarão.   20

Comentário

a. Formado por dois dísticos do longo verso arquiloquiano[1] combinado com o trímetro iâmbico cataléctico, também este é metro excepcional, que Horácio só usa nesta ode. A propósito do arquiloquiano, convém observar que, constante de um tetrâmetro dactílico acataléctico seguido de um itifálico, possui duas cesuras: a primeira, "secundária" (com barra simples), correspondente à cesura mais comum do hexâmetro dactílico, logo após a quinta sede; e a segunda, "principal" (com barra dupla), assinalando o fim do tetrâmetro e o início do itifálico vero e próprio, que fecha o verso e faz de cláusula.

b. Note-se a invariabilidade com que o primeiro membro ou segmento do arquiloquiano, que vai do início à primeira cesura, finda em icto ou tempo marcado, em latim, e a abundância dos efeitos contrastantes – o que faz dele um verso bastante complicado de replicar. Tratando os dois primeiros segmentos como a unidade que deveras são, não respeitamos a exigência da cesura imediatamente após o icto, de que, entre outros exemplos possíveis, os vocábulos "in**ver**no" (v. 1) e "um**bro**sos" (v. 11) dão mostra suficiente. Quanto aos efeitos contrastantes, o nosso "**pés** no chão **ba**tem alter**na**dos" (v. 7) – em que "chão" é indiferentemente tônica ou átona e, pois, sugere tonicidade, e a ectlipse

---

[1] Não se confunda este *verso* arquiloquiano (ou arquilóquio, claro) com os metros denominados arquilóquio primeiro e segundo, de que já tratamos.

"ba<u>tem a</u>lternados" faz pesada a sílaba resultante – é mais ou menos tudo o que há para alegar a nosso favor. Finalmente, a coda trocaica desse verso não apresenta maiores dificuldades – nem tampouco há ictos justapostos que dificultem ainda mais sua já difícil reprodução.

c. No trímetro iâmbico cataléctico predomina a coincidência entre tempo marcado e acento gramatical, a não ser, vez por outra, no meio do verso, um pouco antes ou um pouco depois da cesura, a qual confina sempre com a quinta sede – que, sendo invariavelmente preenchida por sílaba longa em latim, nos levou a utilizar várias elisões e sílabas fechadas em português, como, entre outros exemplos possíveis, "**lo**<u>go a</u>s" (v. 20) e "**rei**nos" (v. 18). A sinalefa "**noi**<u>te e os</u>" e a sílaba fechada "os-" responde pelo efeito contrastante em "**noi**te e os **fic**tos **Ma**nes e a" (v. 16).

d. No que concerne ao estilo, frise-se a sólita observância da ordem das palavras do original – na medida do nosso engenho e das possibilidades do português.

Exercícios

a. Memorize o andamento e a divisão rítmica desta estrofe.
b. Sem, por ora, cuidar na segunda voz, procure reproduzir a primeira dos ictos com quaisquer palavras que conseguir, independentemente do significado e da sintaxe. Repita o procedimento tantas vezes quantas forem necessárias, até dominar completamente esta estrofe e conseguir compô-la com facilidade.
c. Ainda sem levar em conta os efeitos contrastantes, reproduza o padrão rítmico do arquilóquio terceiro compondo versos que façam algum sentido em português. Tome como paradigma as palavras de um seu poema, sermão, tratado ou romance dileto. Prefira textos clássicos, a fim de praticar com períodos longos, constantes de várias coordenações e subordinações. Que tal a *Peregrinação*, de Fernão de Mendes Pinto?
d. Procure emendar os versos que compôs no item anterior inserindo-lhes alguns efeitos de contraste, tais como os descritos no comentário.
e. Como foi o seu desempenho nos metros arquiloquianos? O segredo da segurança está na prática constante, recorrente, obstinada. Perceba que eu disse "segurança", não "mestria" – porque esta é ela mesma um segredo.

12) HIPONACTEU: Ode II, 18, Latim.

= U = U = U O
X = U = X | = U = U = X
= U = U = U O
X = U = X | = U = U = X

Nōn ĕbūr nĕque **aūrĕūm**
mĕā rĕnīdēt | īn dŏmō lăcūnār,
nōn trăbēs Hўmēttĭaē
prĕ**mūnt** cŏ**lūm**nās | ūltĭmā rĕcīsās

Āfrĭcā; nĕ<u>que Āt</u>tălī   5
īgnōtŭs **hērēs** | rēgĭ<u>am ō</u>ccŭpāvī
nēc Lăcōnĭcās mĭhī
tră**hūnt** hŏ**nēs**taē | pūrpŭrās clĭēntaē;

āt fĭdēs ĕt **īngĕnī**
bĕnīgnă vēna ēst | paūpĕrēmquĕ **dīvēs**   10
mē pĕtīt: nĭhīl sŭprā
dĕōs lăcēssō, | **nēc** pŏtēntem ămīcūm

lārgĭōră flāgĭtō,
săt**īs bĕā**tūs | ūnĭcīs Săbīnīs.
Trūdĭtūr dĭēs dĭē,   15
nŏvaēquĕ **pērgūnt** | īntĕrīrĕ lūnaē.

Tū sĕcāndă mārmŏrā
lŏ**cās** sŭb īpsūm | **fūnŭs ēt sĕpūl**crī

12) HIPONACTEU: Ode II, 18, Português.

```
= U = U = U O
X = U = X  |  = U = U = X
= U = U = U O
X = U = X  |  = U = U = X
```

Nem mar**fim** ou au*ries*plen**den**te
em **minha casa** | **cúpu***la* não **bri**lha,
nem do Hi**me**to as *ar*qui**tra**ves
co**lunas premem** | **da últ**i*ma* cor**ta**das

Áfri*ca*, nem **já** de A**ta**lo   5
ig**no**to her**dei**ro a | **cor**te eu *ha*bi**tei**,
nem la**côni***ca* tam**pou**co
me fiam **cas**tas | **púpu***ra* cli**en**tas.

Mas leal**da**de e – **mais** – de en**ge**nho
be**nig**na **vei**a | **te**nho e, **pobre**, o **ri**co   10
me pro**cu**ra: **na**da a**lém**
aos **deu**ses **cla**<u>mo, ou</u> | **a** po**ten**te a**mi**go

não im**plo**ro **mais** lar**gue**za,
fe**liz** de**mais** coa | **só** sa**bi**na **quin**ta.
*A*tro**pe**la o **dia** ao **di**a   15
e **no**vas **lu**as | **se**guem <u>se *a*</u>pa**gan**do:

tu o **cor**te **dos** teus **már**mores
dis**pões** ao **pé** da | **co**va e, **do** se**pul**cro

īmmĕmōr, strŭīs dŏmōs.
Mărīsquĕ Bāiīs | ōbstrĕpēntĭs ūrgēs 20

sūmmŏvērĕ lītŏră,
părūm lŏcūplēs | cōntĭnēntĕ rīpā:
quīd quŏd ūsquĕ prōxĭmōs
rĕvēllĭs āgrī | tērmĭnōs, ĕt ūltrā

līmĭtēs clĭēntĭūm 25
sălīs ăvārūs? | Pēllĭtūr pătērnōs
īn sĭnū fĕrēns dĕōs
ĕt ūxŏr ēt vīr, | sōrdĭdōsquĕ nātōs.

Nūllă cērtĭōr tămēn,
răpācĭs Ōrcī | fīnĕ, dēstĭnātā 30
aūlă dīvĭtēm mănēt
hĕrūm. Quĭd ūltrā | tēndĭs? Aēquă tēllūs

paūpĕrī rĕclūdĭtūr,
rĕgūmquĕ puĕrīs, | nēc sătēllĕs Ōrcī
cāllĭdūm Prŏmēthĕă 35
rĕvēxĭt aūrō | cāptŭs. Hīc sŭpērbūm

Tāntălum ātquĕ Tāntălī
gĕnūs cŏĕrcĕt, | hīc lĕvārĕ fūnctūm
paūpĕrēm lăbōrĭbūs
vŏcātŭs ātquĕ | nōn vŏcātŭs aūdīt. 40

*ol*vi*da*do, er*gues* mansões e
do **mar** que em **Baias** | ruge *te a*fadigas					20

em as **prai**as *re*mover,
não *lo*cupleto | com teu *co*n**tine**nte;
qual o **quê**: a**té os** vizinhos
mou**rões** do **campo** | tiras fora e a**lém**

dos limites **dos** clientes					25
avaro avanças? | **Vão**-se, os **seus** paternos
*car*regan**do** ao **colo deuses**,
mulher, mari*do e os* | **filhos** em farrapos.

Mas nenhum mais *cer*tamente
que **do Or**co edaz a | **meta** *des*tinada			30
paço espera ao **rico grão-**
-senhor. Que **queres** | **mais**? Igual é a terra

que se **cava para** o **pobre**
e **reais** infantes, | **nem** o **guar**da do Orco
ao solerte *Pro*me**teu**					35
retrouxe em **troca** | **de ou**ro. Ele, altivo, a

Tântalo mais **a** tant**á**lica
progênie **prende**; | *a*liviar o **suado**
pobre dos trabalhos ele
(chamado e **mesmo** | **não** chamado) **vem**.			40

Comentário

a. Composto por dois dísticos de dímetro trocaico cataléctico com trímetro iâmbico cataléctico, também o hiponacteu é metro usado por Horácio uma única vez, precisamente nesta ode.
b. No dímetro não há cesura nem abundam tampouco os efeitos contrastantes – o que, pois, facilita sua reprodução em português. Um verso, porém, como "**Nem** mar**fim** ou au-*ries*plen**den**te" (v. 1), em que não apenas a sinérese "ries-" mas também "ou au-" sugere tonicidade, tenta dar conta do efeito contrastante da tônica não marcada "e-" de "ebur" em "**Non** e**bur** ne**que au**reum" (v. 1).
c. No trímetro – como dissemos no item c) do número anterior – o que se destaca é a coincidência entre tempo marcado e acento gramatical e cesura inalterável na quinta sede, embora haja, sim, alguns efeitos contrastantes: um verso, pois, como "se**nhor**. Que **que**res **mais**? **Igual** é a **ter**ra" (v. 32), no qual a subtônica "se-" e o "Que" indiferentemente tônico ou átono sugerem tonicidade, procura reproduzir o efeito contrastante da tônica não marcada "he-" e a tonicidade ambígua de "Quid" em "he**rum**. Quid **ul**tra **ten**dis? **Ae**qua **tel**lus" (v. 32), claro está.
d. Quanto ao estilo, baste, por exemplo, mencionar a mais ou menos estrita observância da sequência das palavras latinas no verso português que acabamos de citar e a proximidade com que em todo o poema tentamos replicar a sintaxe original, enfim.

Exercícios

a. Memorize o andamento e a divisão rítmica desta estrofe.
b. Sem cuidar na segunda voz, procure reproduzir a primeira dos ictos com as palavras que puder, independentemente do significado e da sintaxe. Repita o procedimento tantas vezes quantas forem necessárias, até dominar completamente esta estrofe e conseguir compô-la com facilidade. Pratique e divirta-se.
c. Ainda sem levar em conta os efeitos contrastantes, reproduza o padrão rítmico do hiponacteu compondo versos que façam algum sentido em português. Tome como paradigma as palavras de um seu poema, sermão, tratado ou romance dileto. Prefira textos clássicos, a fim de praticar com períodos longos, constantes de várias coordenações e subordinações.
d. Procure emendar os versos que compôs no item anterior inserindo-lhes alguns efeitos de contraste, tais como os descritos no comentário.
e. Como foi o seu desempenho no hiponacteu? Procure desentortar o torto e tornear o mal torneado.

13) JÔNICO MENOR: Ode III, 12, Latim.

U U = = | U U = = | U U = = | U U = = |
U U = = | U U = = | U U = = | U U = = |
U U = = | U U = O

Mĭsĕrārum ēst, | nĕque ămōrī | dărĕ lūdūm, | nĕquĕ dūlcī |
mălă vīnō | lăvĕ**re, aūt ēx**|ănĭmārī | mĕtŭēntīs |
pătrŭaē vēr|bĕră līnguaē.

Tĭbĭ **quālūm** | Cÿthĕrēaē | pŭĕr ālēs, | tĭbĭ **tēlās** |
ŏpĕrōsaē|quĕ Mĭnērvaē | stŭdĭ**um aūfērt**, | Nĕŏ**būlē**, | 5
Lĭpăraēī | nĭtŏr **Hēbrī,**

sĭmŭl **ūnctōs** | Tĭbĕrīnīs | hŭmĕrōs lā|vĭt ĭn ūndīs, |
ĕquĕs īpsō | mĕlĭōr Bēl|lĕrŏ**phōntē** | nĕquĕ **pūgnō** |
nĕquĕ **sēgnī** | pĕdĕ **vīctūs,**

cătŭs īdēm | pĕr ăpērtūm | fŭgĭēntēs | ăgĭtātō | 10
grĕgĕ cērvōs | iăcŭlā**ri, ēt** | cĕlĕr ārtō | lătĭtāntēm |
frŭtĭcētō ēx|cĭpĕ**re āprūm.**

13) Jônico Menor: Ode III, 12, Português.

∪ ∪ = = | ∪ ∪ = = | ∪ ∪ = = | ∪ ∪ = = |
∪ ∪ = = | ∪ ∪ = = | ∪ ∪ = = | ∪ ∪ = = |
∪ ∪ = = | ∪ ∪ = ○

De infeli**zes** | é do a**mor não** | dar-se ao **jogo e** | nem em **doce os** |
males vi**nho** | mergu**lhar ou** | acovardar-**se** | recea**ndo as** |
chibata*das* | da má **lín***gua*.

Teu ces**tinho o** | de Cit**e**ra | moço ala*do* | – **e o** bor**dado e** |
de Mi**nerva o** | duro estu*do* – | te arreba*ta,* | Neo**bule, ou a** | 5
luz de **Hebro, o** | lipare*nse*,

quando unta*dos* | nas do **Tíbur** | ondas *os* **seus** | ombros la*va*,
mais gine*te* | que Belero|fonte até *e as*|sim no pu**nho** |
como **no pé** | quedo invi*cto*,

hábil **em a** | céu a**berto aos** | que escapo*lem* | cervos – *re*ba-| 10
-nho agita*do* | – sete**ar e** | mui li**geiro em** | do atro **bos**que |
reti**rar o,** | porco o**cul***to*.

Capítulo IV *153*

Comentário

a. Constante cada estrofe de dez jônicos menores sucessivos, nos quais predomina a coincidência entre icto e acento gramatical e as duas últimas sílabas são dois tempos marcados, este metro se mostrou mais ou menos complicado de reproduzir em português.

b. A fim de dar conta do segundo e último icto de cada jônico, valemo-nos das mais variadas elisões (**do**ce_os, v. 1) e sílabas fechadas (un**ta**dos, v. 7) – que no fundo, no fundo, são pálidos reflexos dos originais; quando, porém, logramos deveras, foi em casos como "a**mor não**" (v. 1), infelizmente raros, em nosso poema.

c. Buscamos respeitar quer a esmagadora maioria dos casos em que uma palavra ou sintagma completo coincide com um jônico menor quer a exceção de **Bel**||ero**phonte** (v. 8), cujo precedente, porém, nos permitimos utilizar, não, como Horácio, uma única vez, senão três vezes: "Bele*ro*|fonte a**té** *e as*|sim no **pu***nho*" (v. 8) e "*re***ba**|nho agita*do*" (vv. 10-11).

d. Quanto ao estilo, a abundância de hipérbatos se explica por termos tentado reproduzir, em português, o preciso lugar que as palavras latinas ocupam no poema original.

Exercícios

a. Memorize o andamento e a divisão rítmica desta estrofe.
b. Sem se preocupar com a segunda voz, procure reproduzir a primeira dos ictos com as palavras que puder, independentemente do significado e da sintaxe. Repita o procedimento tantas vezes quantas forem necessárias, até dominar completamente esta estrofe e conseguir compô-la com facilidade. Divirta-se praticando.
c. Ainda sem levar em conta os efeitos contrastantes, reproduza o padrão rítmico do jônico menor compondo versos que façam algum sentido em português. Tome como paradigma as palavras de um seu poema, sermão, tratado ou romance dileto. Prefira textos clássicos, a fim de praticar com períodos longos, constantes de várias coordenações e subordinações.
d. Procure emendar os versos que compôs no item anterior inserindo-lhes alguns efeitos de contraste, tais como os descritos no comentário.
e. Como foi o seu desempenho no jônico menor? "Trabalha e pensa e lima e sofre e sua": já dizia o velho Bilac.

14) Trímetro e Dímetro Iâmbicos: Epodo X, Latim.

x = u = x | = u = x = u o
x = u = x = u o

Mălā sŏlūtă | nāvĭs ēxĭt ālĭtĕ
fĕrēns ŏlēntēm Maēvĭūm.
Ŭt hōrrĭdīs ūt|rūmquĕ vērbĕrēs lătūs,
Aūstēr, mĕmēntō flūctĭbūs;
nīgēr rŭdēntīs | Eūrŭs īnvērsō mărī   5
frāctōsquĕ rēmōs dīffĕrāt;
ĭnsūrgăt Ăquĭlŏ | quāntŭs āltīs mōntĭbūs
frāngīt trĕmēntīs īlĭcēs;
nēc sīdŭs ātrā | nōcte ămīcum āppārĕāt,
quā trīstĭs Ōrīōn cădīt,   10
quĭētĭōrē | nēc fĕrātūr aēquŏrĕ
quām Graīă vīctōrūm mănūs,
cūm Pāllăs ūstō | vērtĭt īram āb Īlĭō
ĭn īmpĭ<u>am Aī</u>ācīs rătēm.
Ō quāntŭs īnstāt | nāvĭtīs sūdōr tŭīs   15
tĭbīquĕ pāllōr lūtĕūs
ĕt īllă nōn vĭrīlĭs | ēiŭlātĭō
prĕcēs ĕt āvēr<u>sum ād</u> Iŏvēm,
Ĭōniŭs ūdō | cūm rĕmūgĭēns sĭnūs
Nŏtō cărīnām rūpĕrīt.   20
Ŏpīmă quōd sī | praēdă cūrvō lītŏrĕ
pōrrēctă mērgōs iŭvĕrīs,
lĭbīdĭnōsūs | īmmŏlābĭtūr căpĕr
ĕt āgnă Tēmpēstātĭbūs.

14) Trímetro e Dímetro Iâmbicos: Epodo X, Português.

x = u = x | = u = x = u o
x = u = x = u o

Sob ave negra a | *dis*soluta nave vai
levando o *fe*dorento Mévio.
Que cos horrendos | *va*galhões te lembres, Austro,
de <u>lhe a</u>çoitar um bordo e outro;
o Euro escuro em | mar reverso a *cor*doalha   5
e os *fra*turados remos roje;
levante-<u>se o A</u>quilão o | quanto em altos montes
confrange os trêmu*los* azinhos;
nem astro em atra | noite amigo não desponte
aonde o triste Oríon cai;   10
tampouco num mais | quieto pego não viaje
que a grega *ven*cedora tropa,
lá quando Palas | <u>de Í</u>lio ardida sua ira
volveu à ímpia nau de Ajaz.
Ó quanto suor aguarda os | marinheiros teus   15
e a ti tão lívi*do* palor
e aquela nada | *va*ronil la*men*tação
e im*pre*cações a adverso Jove
bem quando o jônio | golfo *re*mugindo o casco
com Noto aquáti<u>co es</u>troçar.   20
Então, se gorda | presa *nu*ma curva praia
reposta aos *mer*gulhões prouver,
li*bi*dinoso | bode aí se i*mo*lará
e *cor*deirinha às *Tem*pestades.

Capítulo IV *157*

Comentário

a. Constante de dístico de trímetro iâmbico acataléctico com dímetro iâmbico acataléctico, esta é a estrofe mais utilizada por Horácio em seus *Epodos*.
b. Note-se que todas as sílabas ancípites em tempo não marcado podem constar de uma breve, uma longa, ou ainda duas breves (equivalentes à resolução da longa, claro). Todas as longas em tempo marcado se podem resolver em duas breves, em cujo caso o tempo marcado coincidirá com a primeira.
c. O dímetro iâmbico não apresenta grandes dificuldades de replicação em português – exceção seja feita aos frequentes efeitos contrastantes, que um verso como "e a **ti** tão **lívi**do **palor**" (v. 16), em que a sinalefa "e a" e o "tão" indiferentemente tônico ou átono sugerem tonicidade, procura bem ou mal reproduzir.
d. Quanto ao trímetro, note-se a preferência pela cesura pentemímere sem anular a possibilidade da heptemímere, e a presença de algum efeito contrastante – o qual buscamos reproduzir com "nem **as**tro em **a**tra **noi**te a**mi**go **não** des**pon**te" (v. 9), por exemplo, em que a tonicidade ambígua de "nem", a sinalefa "de astro em" e a subtônica "des-" fazem de contraponto aos tempos marcados.
e. Sobre o estilo se diga o de praxe: esforço, na medida do nosso engenho, por replicar em português a sequência mesma dos vocábulos latinos.

Exercícios

a. Memorize o andamento e a divisão rítmica desta estrofe.
b. Sem se preocupar com os efeitos contrastantes, procure reproduzir os ictos desta estrofe com as palavras que lhe ocorrerem, independentemente do significado e da sintaxe. Repita o procedimento tantas vezes quantas forem necessárias, até dominar completamente esta estrofe e conseguir compô-la com facilidade. Pratique bastante, e divirta-se praticando.
c. Ainda sem levar em conta os efeitos contrastantes ou segunda voz, reproduza o padrão rítmico da estrofe compondo versos que façam algum sentido em português. Tome como paradigma as palavras de um seu poema, sermão, tratado ou romance dileto. Prefira textos clássicos, a fim de praticar com períodos longos, constantes de várias coordenações e subordinações. Uma ode de Filinto Elísio pode ajudá-lo a encontrar o tom.
d. Procure emendar os versos que compôs no item anterior inserindo-lhes alguns efeitos de contraste, tais como os descritos no comentário.
e. Como foi o seu desempenho no trímetro com dímetro iâmbico? *Sempre* leia seus poemas em voz alta, marcando bem o ritmo e fazendo breve pausa nos fins de verso. Isto vai ajudá-lo a chegar ao veredicto.

15) TRÍMETRO IÂMBICO E ELEGIAMBO: Epodo XI, Latim.

x = U = x | = U = x = U O
= U U = U U O | x = U = x = U O

Pēttī, nĭhīl mē, | sīcŭt āntĕă, iŭvāt
scrībĕrĕ vērsĭcŭlōs | ămōrĕ pērcūssūm grăvī,
ămōrĕ, quī mē | praētĕr ōmnīs ēxpĕtīt
mōllĭbŭs īn pŭĕrīs | aūt īn pŭēllīs ūrĕrĕ.
Hīc tērtĭūs Dēcēmbĕr | ēx quō dēstĭtī   5
Īnăchĭā fŭrĕrē | sīlvīs hŏnōrēm dēcŭtīt.
Heū mē, pĕr ūrbēm | (nām pŭdēt tāntī mălī)
făbŭlă quāntă fŭī, | cōnvīvĭōrum ēt paēnĭtēt
īn quīs ămāntēm | lānguŏr ēt sĭlēntĭūm
ārgŭĭt ēt lătĕrē | pĕtītŭs īmō spīrĭtūs.   10
"Cōntrānĕ lūcrūm | nīl vălērĕ cāndĭdūm
paūpĕrĭs īngĕnĭūm?" | quĕrēbăr āpplōrāns tĭbī,
sĭmūl călēntīs | īnvĕrēcūndūs dĕūs
fērvĭdĭōrĕ mĕrō | ārcānă prōmōrăt lŏcō.
"Quōd sī mĕīs īn|aēstŭēt praēcōrdĭīs   15
lībĕră bīlĭs, ŭt haēc | īngrātă vēntīs dīvĭdāt
fōmēntă vōlnūs | nīl mălūm lĕvāntĭā,
dēsĭnĕt īmpărĭbūs | cērtārĕ sūmmōtūs pŭdōr".
ŭbi haēc sĕvērūs | tē pălām laūdāvĕrām,
iūssŭs ăbīrĕ dŏmūm | fĕrēbăr īncērtō pĕdĕ   20
ād nōn ămīcōs, | heū mĭhī pōstīs ĕt heū
līmĭnă dūră, quĭbŭs | lūmbōs ĕt īnfrēgī lătūs.
Nūnc glōrĭāntīs | quāmlĭbĕt mŭlĭērcŭlām
vīncĕrĕ mōllĭtĭā | ămōr Lўcīscī mē tĕnēt,

15) TRÍMETRO IÂMBICO E ELEGIAMBO: Epodo XI, Português.

x = υ = x | = υ = x = υ o
= υ υ = υ υ o | x = υ = x = υ o

Ó Pétio, em **na**da | **co**mo **dan**tes **não** me a**praz**
estes ver**si**nhos com**por**, | de a**mor** gra**vo**so *ful*mi**na**do:
a**mor** que a **mim** mais | **do** que **to**dos *me ar*re**ba**ta a
pelos mo**ci**nhos ma**ci**os | ou **pe**las **mo**ças *me in*cen**der**.
Es**te é o** de**zem**bro **tér**cio | **dês** que *de*sis**ti**   5
de por I**ná**quia endou**dar**: | e **já** se **ti**ra a **ves**te às **ma**tas.
Ai! pela **ur**be | – *me en*ver**go**nha **tan**to **mal** –
quanta his**tó**ria ren**di**, | e **dos** ban**que**tes *me ar*re**pen**do,
nos **quais** "Eu **a**mo" o | **meu** lan**gor** e o **meu** si**lên**cio
*a*pregoa**ram** – e o **ar** | que **do i**mo **pei**to eu *su*spi**ra**va.   10
"**Oh**, **con**tra o **lu**cro | **na**da **va**le o en**ge**nho **pu**ro
de um pobre**tão**?" a cho**rar** | eu *las*ti**ma**va **pa**ra **ti**,
tão logo a **mim** que ar**di**a o | **deus** des*pu*do**ra**do
cum mais ar**den**te li**cor** | os **meus** se**gre**dos *me ar*ran**cou**.
"**Quem de**ra **den**tro em | **mi**nhas **vís**ce*ras* estu**as**se   15
bile li**bér**rima a **qual** | lan**ças**se ao **ven**to os *pa*lia**ti**vos
in**gra**tos, **con**tra | **to**do **mal** da **cha**ga i**nú**teis,
findo o engo**li**do pu**dor** | de *con*ten**der** com *de*si**guais**".
De**pois** que em **tu**a | **fren**te **sé**rio **me** ga**ba**ra,
mal convo**ca**do à man**são**, | lá **vou** com **pé** clau*di*can**tís**simo   20
a**té as** i**mi**gas | **por**tas, **ai** de **mim**, **ai ai**, e as
duras so**lei**ras em que **eu** | o **lom**bo e o **flan**co *fra*tu**rei**.
De **quem** se **jac**ta | **de** ven**cer** qual**quer** mo**çoi**la
em maci**ez** – sim, o a**mor** | de Lícis**co o**ra me de**tém**;

ūnde ēxpĕdīrĕ | nōn ămīcōrūm quĕānt 25
lībĕră cōnsĭlĭă | nēc cōntŭmēlīaē grăvēs,
sĕd ālĭŭs ārdŏr | aūt pŭēllaē cāndĭdaē
aūt tĕrĕtīs pŭĕrī | lōngām rĕnōdāntīs cŏmām.

daí não **pos**sam | **dos** amigos **me** livrar os 25
francos conselhos e **nem** | as *aspe*rí*ssimas* injúrias,
mas **ou**tro **fo**go ou | **bem** por **cân**di*da* mocinha
ou por bem-**fei**to ra**paz** | que **sol**ta a **su**a **lon**ga **co**ma.

Comentário

a. Formado por dístico de trímetro iâmbico acataléctico com elegiambo, este metro é exclusivo do epodo ora em causa.
b. Sobre o trímetro bem ou mal se repita o que se disse anteriormente, devendo-se, pois, observar, entre outros característicos que tais, a preferência pela cesura pentemímere, e a presença de algum efeito contrastante – como, por exemplo, em "Ó **Pé**tio, em **na**da **co**mo **dan**tes **não** me a**praz**" (v. 1), no qual um "Ó" indiferentemente átono ou tônico e as sinalefas "-tio em" e "me a-" são como o ritmo reflexo dos acentos gramaticais não marcados "Pe-", "ni-" e "iu-" no análogo "Petti, ni**hil** me, **si**cut **an**tea, iu**vat**" (v. 1), em latim.
c. Constante de trímetro dactílico cataléctico (equivalente ao segundo hemistíquio de um pentâmetro) mais dímetro iâmbico acataléctico divididos por cesura, o elegiambo não oferece assim tão grandes dificuldades de reprodução vernácula – afora, é claro, o estudioso efeito contrastante, que nele domina. Um pálido exemplo do qual é um verso como "**em** ma**ciez** – sim, o a**mor** | de **Lí**cis**co o**ra me de**tém**" (v. 24), em que "ci-" é bem ou mal subtônica pelo parentesco com "ma**cio**", "sim" é indiferentemente tônica ou átona, a sinalefa "o amor" deixa a sílaba "o a-" pesada, "cis-" remete à tonicidade latina original, e "de-" é outra subtônica, enfim – todas as quais sugerem tonicidade.
d. Não há tempos marcados justapostos neste metro.
e. Quanto ao estilo, frise-se a sólita tentativa de replicar a ordem mesma dos vocábulos latinos – e sua sintaxe – na língua de Camões.

Exercícios

a. Memorize o andamento e a divisão rítmica desta estrofe.

b. Sem cuidar nos efeitos contrastantes, procure reproduzir os ictos desta estrofe com as palavras que puder, independentemente do significado e da sintaxe. Repita o procedimento tantas vezes quantas forem necessárias, até dominar completamente esta estrofe e conseguir compô-la com facilidade. Pratique e divirta-se.

c. Ainda sem levar em conta os efeitos contrastantes ou ritmo reflexo, reproduza o padrão rítmico da estrofe compondo versos que façam algum sentido em português. Tome como paradigma as palavras de um seu poema, sermão, tratado ou romance dileto. Prefira textos clássicos, a fim de praticar com períodos longos, constantes de várias coordenações e subordinações.

d. Procure emendar os versos que compôs no item anterior inserindo-lhes alguns efeitos de contraste, tais como os descritos no comentário.

e. Como foi o seu desempenho no trímetro iâmbico com elegiambo? Leia em voz alta o que compôs para poder julgá-lo: é em voz alta que os defeitos se impõem, e as qualidades se sugerem: porque os defeitos são grossos, e as qualidades, subtis.

16) Hexâmetro e Tetrâmetro Dactílico Cataléctico:
Epodo XII, Latim.

= ŪŪ = ŪŪ = | ŪŪ = ŪŪ = ŪŪ = x
= ŪŪ = ŪŪ = ŪŪ = x

Quīd tĭbĭ vīs, mŭlĭēr | nīgrīs dīgnīssĭmă bārrīs?
Mūněră quīd mĭhĭ quīdvĕ tăbēllās
mīttīs nēc fīrmō | iŭvĕnī nĕquĕ nārĭs ŏbēsaē?
Nāmquĕ săgācĭŭs ūnŭs ŏdōrōr
pōlўpŭs ān grăvĭs hīrsūtīs | cŭbĕt hīrcŭs ĭn ālīs   5
quām cănĭs ācĕr ŭbī lătĕāt sūs.
Quī sūdōr vīctīs | ēt quām mălŭs ūndĭquĕ mēmbrīs
crēscĭt ŏdōr, cūm pēnĕ sŏlūtō
īndŏmĭtām prŏpĕrāt | răbĭēm sēdārĕ nĕque īllī
iām mănĕt ūmĭdă crētă cŏlōrquĕ   10
stērcŏrĕ fūcātūs | crŏcŏdīlī iāmquĕ sŭbāndō
tēntă cŭbīlĭă tēctăquĕ rūmpīt.
Vēl mĕă cūm saēvīs | ăgĭtāt făstīdĭă vērbīs:
"Īnăchĭă lăngŭēs mĭnŭs āc mē;
Īnăchĭām tēr nōctĕ pŏtēs, | mĭhĭ sēmpĕr ăd ūnūm   15
mōllĭs ŏpūs. Pĕrĕāt mălĕ quaē tē
Lēsbĭă quaērēntī | taūrūm mōnstrāvĭt ĭnērtēm,
cūm mĭhĭ Cōŭs ădēssĕt Ămŷntās,
cūiŭs ĭn īndŏmĭtō | cōnstāntĭŏr īnguĭnĕ nērvŭs
quām nŏvă cōllĭbŭs ārbŏr ĭnhaērēt.   20
Mūrĭcĭbŭs Tўrĭīs | ĭtĕrātaē vēllĕră lānaē
cuī prŏpĕrābāntūr? Tĭbĭ nēmpĕ,
nĕ fŏrĕt aēquālīs | īntēr cōnvīvă măgīs quēm

16) Hexâmetro e Tetrâmetro Dactílico Cataléctico:
Epodo XII, Português.

= ᴜᴜ = ᴜᴜ = | ᴜᴜ = ᴜᴜ = ᴜᴜ = x
= ᴜᴜ = ᴜᴜ = ᴜᴜ = x

Que é que desejas, mulher | mais linda entre as negras aliás? Por
que presentes, por que estas cartinhas
mandas-me, e eu rijo rapaz | nem sou mais de nariz afilado?
Único eu sou e mais hábil em cheirar se
cancro ou molesto cabrão | repousa em peluda axila que um   5
cão sensitivo ao covil do javardo...
Que suor e que ubíquo mau | nos flácidos membros
cheiro se alastra quando, eu de pau mole,
sua indomável tesão | ela corre a aplacar, e lhe escorre a
maquilagem inda fresca e a corzinha   10
com do aligátor o esterco | fixada, e aí já no cio
leito lotado e dossel espedaça,
quando não vexa o meu tédio | com estas palavras cruéis:
"Broxas comigo mais que com Ináquia;
com Ináquia três vezes | por noite, – comigo em umazinha   15
sempre amoleces. Que vá para o inferno a
Lésbia que um broxa, eu um touro | buscando, mostrou para mim – tu! –,
com Amintas de Cós disponível,
cujo membro em regaço | indomável bem mais firmemente
que árvore nova nos montes se finca.   20
Velos de lã duas vezes | em múrices tírios tingida
são para quem? Para ti, com certeza,
Para que entre os convivas | não haja um igual que impressione a

dīlĭgĕrēt mŭlĭēr sŭă **quām** tē.
Ō ĕgŏ **nōn fēlīx**, | quām **tū** fŭgĭs **ūt** păvĕt ācrīs   25
āgnă lŭ**pōs** căprĕaēquĕ lĕōnēs".

própria mu**lher** algo **mais** do que **tu**.
Ai, fe**liz** eu não **sou**, | pois tu **f**oges de **mim** como a ovelha   25
teme o mau **lo**bo, e a ca**bri**ta o le**ão**".

Comentário

a. Composto por dístico de hexâmetro com tetrâmetro dactílico cataléctico, este epodo usa metro idêntico ao da ode I, 7 (vide acima o número 9, pp. 126-129), da qual se distingue pela organização estrófica em dísticos veros e próprios, não em quartetos, e pela elocução – o que nos obrigou a reproduzi-lo.

b. Segundo dissemos então, ao comentar a referida ode, a grande dificuldade de composição vernácula deste metro está na abundância dos efeitos contrastantes (aqui não há tempos marcados justapostos). Veja-se, pois, para o tetrâmetro, um verso como "**sem**pre amo**le**ces. Que **vá** para o in**fer**no a" (v. 16), e note-se o contraponto que a sinalefa "pre a-" a subtônica "mo-", o "Que" e o "para" de tonicidade ambígua e a também sinalefa "para o in-" fazem aos tempos marcados. Um verso como "**Lés**bia que um **bro**xa, eu um **tou**ro | bus**can**do, mos**trou** para **mim** – tu! –" (v. 17), por sua vez, com o ditongo "bia-", as sinalefas "que um" e "-xa eu um", as sílabas fechadas "bus-" e "mos-" e o "para" indiferentemente átono ou tônico a fazer de efeitos contrastantes, talvez seja um dos nossos mais bem-sucedidos, no uso desta técnica de contrastes.

c. O estilo trai sempre a mesma intenção – reproduzir, em português, a sintaxe e a ordem vocabular do latim.

Exercícios

a. Memorize o andamento e a divisão rítmica desta estrofe.

b. Sem cuidar ainda nos efeitos contrastantes, procure reproduzir os ictos desta estrofe com as palavras que conseguir, independentemente do significado e da sintaxe. Repita o procedimento tantas vezes quantas forem necessárias, até dominar completamente esta estrofe e conseguir compô-la com facilidade. Divirta-se praticando.

c. Ainda sem se preocupar com a segunda voz ou ritmo reflexo, reproduza o padrão rítmico da estrofe compondo versos que façam algum sentido em português. Tome como paradigma as palavras de um seu poema, sermão, tratado ou romance dileto. Prefira textos clássicos, a fim de praticar com períodos longos, constantes de várias coordenações e subordinações. Que tal as odes de Pedro Antônio Correia Garção, o Córidon Erimanteu?

d. Procure emendar os versos que compôs no item anterior inserindo-lhes alguns efeitos de contraste, tais como os descritos no comentário.

e. Como foi o seu desempenho no hexâmetro com tetrâmetro dactílico? Leia sempre em voz alta o que compuser, não esqueça.

17) Hexâmetro e Iambélego: Epodo XIII, Latim.

= ᴗᴗ = ᴗᴗ = | ᴗᴗ = ᴗᴗ = ᴗᴗ = x
x = ᴗ = x = ᴗ o | = ᴗ ᴗ = ᴗ ᴗ o

Hōrrĭdă tēmpēstās | caēlūm cōntrāxĭt ĕt īmbrēs
nĭvēsquĕ dēdŭcūnt Iŏvēm; | nūnc mărĕ, nūnc sĭlŭaē
Thrēĭcĭō Ăquĭlōnĕ sŏnānt. | Răpĭāmŭs, ămīcī,
ōccāsĭōnēm dē dĭē, | dūmquĕ vĭrēnt gĕnŭă
ēt dĕcĕt, ōbdūctā | sōlvātūr frōntĕ sĕnēctūs.   5
Tū vīnă Tōrquātō mŏvē | cōnsŭlĕ prēssă mĕō.
cētĕră mīttĕ lŏquī; | dĕŭs haēc fōrtāssĕ bĕnīgnā
rēdūcĕt īn sēdēm vĭcē. | Nūnc ĕt Ăchaēmĕnĭō
pērfūndī nārdō | iŭvăt ĕt fĭdĕ Cӯllēnēā
lĕvārĕ dīrīs pēctŏră | sōllĭcĭtūdĭnĭbūs,   10
nōbĭlĭs ūt cĕcĭnīt | grāndī Cēntaūrŭs ălūmnō:
"Īnvīctĕ, mōrtālīs dĕā | nātĕ pŭĕr Thĕtĭdē,
tē mănĕt Āssărăcī | tēllūs, quām frīgĭdă pārvī
fīndūnt Scămāndrī flūmĭnă | lūbrĭcŭs ēt Sĭmŏīs,
ūndĕ tĭbī rĕdĭtūm | cērtō sūbtēmĭnĕ Pārcaē   15
rūpērĕ, nĕc mātēr dŏmūm | caērŭlă tē rĕvĕhēt.
Īllīc ōmnĕ mălūm | vīnō cāntūquĕ lĕvātō
dēfōrmĭs aēgrĭmōnĭaē, | dūlcĭbŭs āllŏquĭīs".

17) HEXÂMETRO E IAMBÉLEGO: Epodo XIII, Português.

= ᴜᴜ = ᴜᴜ = | ᴜᴜ = ᴜᴜ = ᴜᴜ = x
x = ᴜ = x = ᴜ o | = ᴜ ᴜ = ᴜ ᴜ o

Hórrida *tem*pestade | o **céu** ce**rrou** e agua**ceiros**
e **neves** *der*ribaram **Jo**ve; | ora o **mar**, ora os **bosques**
co Áquilo **trácio** ressoam. | Assim, aga**rremos**, a**migos**,
do **dia** a**questa** o*casi*ão | e, en**quan**to aguen**tarem** os gio**lhos**
e con**vier**, do **cenho** | si**sudo** se a**pague** a vel**hez**.   5
Tu **vinhos traz** pre**midos** quan*do* | *in*da Tor**quato** era **côn**sul.
Cala o de**mais**: um **deus** | oxa**lá** benig*nis*sima**mente**
O *re*con**duza** a **seu** ca**mi***nho*. | **Ora**, **eia**, **em** aque**mê**nio
nardo ba**nhar**-me de**leita** | e **com** de Ci**lena** esta **lira**
terr*i*bi**líssi***mos* do **pei**to | *em*bran**decer** os cui**dados**,   10
tal como o **nobre cen**tauro | can**tou** ao **magno** dis**cípulo**:
"In**victo moço** – mas mor**tal** –, | **nato** de **Tétis**, a **deu**sa, a
ti te aguar**dam** de As**sáraco** a **terra**, | que as **frígidas fen**dem
cor**rentes** *do Es*ca**man**dro ra*so* | e o im**petu**oso Simo**ente**,
donde o re**torno teu** | da **trama** cer**tíssima** as **Par**cas   15
corta**ram e a** ce**rúlea mãe** | **não** te tra**rá** para **casa**.
Lá todo o **mal** o **vinho** | e o **canto jun**tos abran**dem**,
de *de*for**míssim***a a*fli**ção** | *con*sola**ção** tão su**ave**".

Capítulo IV   *173*

Comentário

a. Constante de dístico de hexâmetro com iambélego, este metro oferece bastantes dificuldades de reprodução vernácula – entre as quais, é claro, o muito efeito contrastante (num verso como noutro) e a invariável justaposição de dois tempos marcados na oitava e na nona sedes do iambélego, antes e após a cesura principal (a qual sempre confina com fim de palavra).

b. Veja-se, pois, para o efeito contrastante do hexâmetro – o qual lhe define o primeiro hemistíquio[1] –, um meio-verso como "**e** convi**er**, do **ce**nho" (v. 5), no qual "con-" é subtônica e "vi-" sugere tonicidade pelo parentesco com "vir".

c. Para os justapostos tempos marcados do iambélego – que, sendo um elegiambo invertido, consta de dímetro iâmbico acataléctico mais trímetro dactílico cataléctico divididos por cesura –, veja-se, por exemplo, o rigorosíssimo "**mãe | não**" (v. 16), em que a cesura confina com fim de palavra, e o bem menos rigoroso "**ras**o͡ **| e o im**petuoso" (v. 14), que se vale de elisão – o qual, porém, por mais frouxo que seja, segue o exemplo de Horácio em muito metro seu (embora não neste); do engenhosíssimo efeito contrastante de um verso como "**In**vi**c**te **mor**ta**lis** de**a | na**te **pu**er **The**ti**de**" (v. 12), por seu turno, em que os acentos não marcados "ta-" e "de-" acabam por sugerir uma irreproduzível sequência de cinco tempos fortes, o nosso "de *de*for**míss**im*a͡ a*f**li**ção **|** *con*so**la**ção tão su**a**ve" (v. 18) é só pálido reflexo, graças à

---

[1] Cf. RITSCHL (1868), *loc. cit.*

tonicidade sugerida de "fli-" e de "so-" pelo parentesco com "aflito" e "consolo", respectivamente.

d. Da elocução o de praxe: esforço por replicar em português a sintaxe e a ordem vocabular do latim.

Exercícios

a. Memorize o andamento e a divisão rítmica desta estrofe.

b. Sem cuidar ainda nos efeitos contrastantes, procure reproduzir os ictos desta estrofe com as palavras que puder, independentemente do significado e da sintaxe. Repita o procedimento tantas vezes quantas forem necessárias, até dominar completamente esta estrofe e conseguir compô-la com facilidade.

c. Ainda sem cuidar na segunda voz, reproduza o padrão rítmico da estrofe compondo versos que façam algum sentido em português. Tome como paradigma as palavras de um seu poema, sermão, tratado ou romance dileto. Prefira textos clássicos, a fim de praticar com períodos longos, constantes de várias coordenações e subordinações.

d. Procure emendar os versos que compôs no item anterior inserindo-lhes alguns efeitos de contraste, tais como os descritos no comentário.

e. Como foi o seu desempenho no hexâmetro com iambélego? Lembre-se: a verso capenga não há misericórdia.

18) Hexâmetro e Dímetro Iâmbico: Epodo XV, Latim.

= ∪∪ = ∪∪ = | ∪∪ = ∪∪ = ∪∪ = x
x = ∪ = x = ∪ o

Nōx ĕrăt ēt caēlō | fūlgēbāt lūnă sĕrēnō
īntēr mĭnōrā sīdĕrā,
cūm tū **māgnōrūm** | nūmēn laēsūră dĕōrūm
īn **vērbă iūrābās** mĕă,
ārtĭŭs ātque hĕdĕrā | prōcēra āstrīngĭtŭr īlēx   5
lēntīs ădhaērēns **brācchĭīs**,
dūm pĕcŏrī lŭpŭs ēt | naūtīs īnfēstŭs Ŏrīōn
tūrbārĕt **hībērnūm mărĕ̆**
īntōnsōsque ăgĭtārĕt | **Ăpōllĭnĭs aūră căpīllōs**,
fŏ**re hūnc** ămōrēm mūtŭūm,   10
o dŏlĭtūră mĕā | mūltūm vīrtūtĕ Nĕaēră!
Nām sī quĭd īn Flāccō vĭ**ri ēst**,
nōn fĕrĕt āssĭdŭās | pŏtĭōrĭ tĕ dārē nōctēs
ēt **quaērĕt īrātūs pără̆ēm**,
nēc sĕmĕl ōffēnsī | cēdēt cōnstāntĭă fōrmaē,   15
sī cērtŭs īntrārīt dŏlōr.
Ēt tū, **quīcūmque ēs** | fēlīcĭŏr ātquĕ mĕō nūnc
sŭpērbŭs īncēdīs mălō,
sīs pĕcŏ**re ēt** mūltā | dīvēs tēllūrĕ̆ lĭcēbīt
tĭbīquĕ **Pāctōlūs** flŭăt,   20
nēc tē **Pȳthăgŏraē** | fāllānt ārcānă rĕnātī
fōrmāquĕ vīncās **Nīrĕă̄**,
heū heū, **trānslātōs** | ălĭō maērēbĭs ămōrēs,
āst ĕgŏ vĭcīssīm rīsĕrō.

178   O Esmeril de Horácio

18) HEXÂMETRO E DÍMETRO IÂMBICO: Epodo XV, Português.

= ∪∪ = ∪∪ = | ∪∪ = ∪∪ = ∪∪ = x
x = ∪ = x = ∪ o

Era **noi**te e num **céu** | se**re**no a **lu**a bri**lha**va
em **mei**o aos **as**tros *pe*que**ni**nos
quando, **pron**ta a le**sar** | dos **mag**nos **deu**ses o **nu**me,
o **que eu** ju**ra**va **tu** ju**ra**vas
(**mais** envol**ven**te que **bas**ta **he**ra | pe**ga**da ao a**zi**nho   5
nos **flé**xeis **bra**ços *me en*vol**ven**do): en-
-**quan**to **lo**bo a cor**dei**ro | e aos **nau**tas o in**fes**to Ori**ão**
tur**bas**se o **pé**la*go in*ver**no**so, en-
-**quan**to o **ven**to agi**tas**se | de A**po**lo os in**ton**sos ca**be**los,
re**cí**pro**co es**te **fo**ra a**mor**,   10
ó Ne**e**ra tão **pron**ta | a so**frer** por **mi**nha ma**che**za:
por**que**, se **ma**cho **Fla**co **é**,
não so**fre**rá que dês **noi**tes | as**sí**duas **ao** vence**dor**
e, i**ra**do, *bus*ca**rá** um **par**,
nem sua cons**tân**cia de o**fen**so | ce**der** não i**rá à** tua be**le**za   15
se **se** lhe en**tra**nha **dor** a**gu**da.
Tu, feli**zar**do, quem **quer** | que **se**jas, que a**go**ra ca**mi**nhas
in*di*fe**ren**te aos **ma**les **meus**,
sejas em**bo**ra em o**ve**lhas | ri**quís**simo e em **ter**ra abun**dan**te
e **pa**ra **ti** o **Pac**tolo **cor**ra,   20
nem de Pi**tá**goras *re*encar**na**do | os ar**ca**nos te i**lu**dam e
mais belo **se**jas **que** Ni**reu**:
ai ai, *de*plora**rás** | o a**mor** trans**fe**ri**do** a um ter**cei**ro
e **quem** ri**rá** en**tão** sou **eu**.

Capítulo IV   *179*

Comentário

a. Composto por dístico de hexâmetro dactílico com dímetro iâmbico acataléctico, este metro não tem ictos justapostos – e, pois, tem no efeito contrastante sua grande dificuldade de reprodução vernácula.

b. A sólita não coincidência entre icto e acento gramatical que sigulariza o primeiro hemistíquio do hexâmetro reaparece, por exemplo, num meio-verso como "**ai** ai *de*plora**rás**" (v. 23), em que o segundo "ai" pudera ser tônico e as sílabas "plo-" e "ra-" sugerem tonicidade, respectivamente, pelo parentesco com "de**plo**ro" e "deplo**rar**".

c. Quanto ao efeito contrastante que domina o dímetro, a tonicidade sugerida de "ca-" (pelo parentesco com bus**car**) e o "um" indiferentemente átono ou tônico de um verso como "e, i**ra**do, *bus*ca**rá** um **par**" (v. 14), por exemplo, buscam reproduzir os não marcados acentos gramaticais "ra-" e "pa-" do análogo "et **quae**ret i**ra**tus pa**rem**" (v. 14), que em latim sugerem cinco tempos fortes em sequência.

d. Tentando embora seguir mui de perto a ordem vocabular e a sintaxe do latim – o comum de nossa elocução –, não logramos reproduzir um artifício como "caelo... luna sereno" (v. 1), que pinta a lua virtual e literalmente no meio do céu. É pena.

Exercícios

a. Memorize o andamento e a divisão rítmica desta estrofe.
b. Sem cuidar nos efeitos contrastantes, procure reproduzir os ictos desta estrofe com as palavras que puder, independentemente do significado e da sintaxe. Repita o procedimento tantas vezes quantas forem necessárias, até dominar completamente esta estrofe e conseguir compô-la com facilidade. Divirta-se praticando.
c. Ainda sem cuidar na segunda voz, reproduza o padrão rítmico da estrofe compondo versos que façam algum sentido em português. Tome como paradigma as palavras de um seu poema, sermão, tratado ou romance dileto. Prefira textos clássicos, a fim de praticar com períodos longos, constantes de várias coordenações e subordinações. – Mas há modernos igualmente excelentes nesse quesito, como o Drummond do incomparável *Claro Enigma*, e o exuberantíssimo Jorge de Lima de *Invenção de Orfeu*.
d. Procure emendar os versos que compôs no item anterior inserindo-lhes alguns efeitos de contraste, tais como os descritos no comentário.
e. Como foi o seu desempenho no hexâmetro com dímetro iâmbico? A leitura em voz alta dirá.

19) HEXÂMETRO E TRÍMETRO PURO: Epodo XVI, Latim.

= ⏑⏑ = ⏑⏑ = | ⏑⏑ = ⏑⏑ = ⏑⏑ = x
⏑ = ⏑ = ⏑ | = ⏑ = ⏑ = ⏑ =

Āltĕră iām tĕrĭtūr | bēllīs cīvīlĭbŭs aētās
sŭīs ĕt īpsă | Rōmă vīrĭbŭs rŭīt.
Quām nĕquĕ fīnĭtĭmī | vălŭĕrūnt pērdĕrĕ Mārsī
mĭnācĭs aūt Ĕtrūscă | Pōrsĕnaē mănūs,
aēmŭlă nēc vīrtūs | Căpŭaē nēc Spārtăcŭs ācēr   5
nŏvīsquĕ rēbŭs| īnfĭdēlĭs Āllŏbrōx,
nēc fĕră caērŭlĕā | dŏmŭīt Gērmānĭă pūbĕ
părēntĭbūsque ăb|ōmĭnātŭs Hānnĭbāl,
īmpĭă pērdēmŭs | dēvōtī sānguĭnĭs aētās
fĕrīsquĕ rūrsŭs | ōccŭpābĭtūr sŏlūm;   10
bārbărŭs, heū, cĭnĕrēs | īnsīstēt vīctŏr ĕt ūrbēm
ĕquēs sŏnāntĕ | vērbĕrābĭt ūngŭlā
quaēquĕ cărēnt vēntīs | ĕt sōlĭbŭs ōssă Quĭrīnī
– nĕfās vĭdērĕ – | dīssĭpābĭt īnsŏlēns.
Fōrtĕ quĭd ēxpĕdĭāt | cōmmūnĭtĕr aūt mĕlĭōr pārs   15
mălīs cărērĕ | **quaērĭtīs lăbōrĭbūs.**
Nūllă sĭt hāc pŏtĭōr | sēntēntĭă, Phōcaēōrūm
vĕlūt prŏfūgĭt | ēxsĕcrātă cīvĭtās
āgrōs ātquĕ Lărēs | pătrĭōs hăbĭtāndăquĕ fānă
ăprīs rĕlīquĭt | ĕt răpācĭbŭs lŭpīs,   20
īrĕ pĕdēs quōcūmquĕ fĕrēnt, | quōcūmquĕ pĕr ūndās
Nŏtūs vŏcābĭt | aūt prŏtērvŭs Āfrĭcūs.
Sīc plăcĕt? Ān mĕlĭūs | quĭs hăbēt suādĕrĕ? Sĕcūndā
ră**tem ōc**cŭpārĕ | **quĭd mŏrāmŭr ālĭtĕ?**

19) Hexâmetro e Trímetro Puro: Epodo XVI, Português.

= ᴜᴜ = ᴜᴜ = | ᴜᴜ = ᴜᴜ = ᴜᴜ = x
ᴜ = ᴜ = ᴜ | = ᴜ = ᴜ = ᴜ =

Ou**tra** *gera***ção** | em **guer**ras civis já de**fi**nha,
mer**cê** de **sua** | **pró**pria **for**ça **Ro**ma rui:
ela, que **nem** os **Mar**sos | vi**zi**nhos per**der** não pu**de**ram
e **nem** a e**trus**ca | **mão** do ater**ra**dor Por**se**na
nem de **Cá**pua o vi**gor** | riva**lís**simo ou Es**pár**taco **a**cre   5
e o A**ló**bro*go in*fiel com | **no**vas arti**ma**nhas
nem a Ger**mâ**nia fe**roz** | de **pê**los ce**rú**leos do**mou** nem
A**ní**bal **tão** ab|omi**ná**vel **aos** a**vós**,
nós, ge**ra**ção ím**pia** | de **san**gue **pio**, perde**re**mos
e **fe**ras *no*va|**men**te o*cu***pa**rão o **so**lo?;   10
ai, em **cin**zas triun**fal** | há de o **bár**baro an**dar**, e a ci**da**de
gi**ne**te *cal***ca**rá co | **cas**co *dis*so**nan**te?;
e de Qui**ri**no a os**sa**da | de **ven**tos e **sóis** prote**gi**da
– proi**bi**do é **vê**-la – um | *in*so**len**te es*pa*lha**rá**?
Algo que **sir**va tal**vez** | a **to**dos ou **só** aos me**lho**res   15
a prote**ger**-vos | **dos** **maus** **tra**tos *pro*cu**rais**;
não e**xis**te al**vi**tre me**lhor**: | **tal** **co**mo da **Fó**cida
es*ca*puli**ram os** | *e*xe**cra**dos *ci*da**dãos**
*e a*bando**na**ram **cam**pos | e **la**res **pá**trios e **tem**plos
a *ja***va**lis e | **lo**bos **cruéis** que os *ha*bi**tas**sem,   20
ir aonde **le**vem os **pés**, | aonde **quer** que por **en**tre as **on**das
já o **No**to *con*vo**car** já | **o Á**frico bru**tal**.
Bem vos pa**re**ce ou al**guém** | tem me**lhor** ju**í**zo? Sob **a**ve
al*vis*sa**rei**ra, às | **naus** por **que** se **tar**da em **ir**?

Capítulo IV   *183*

Sēd iūrēmŭs ĭn haēc: | sĭmŭl īmīs sāxă rĕnārīnt 25
vădīs lĕvātă, | nē rĕdīrĕ sīt nĕfās,
neū cōnvērsă dĕmūm | pĭgĕāt dărĕ līntĕă quāndō
Pădūs Mătīnă | lāvĕrīt căcūmĭnă,
īn mărĕ seū cēlsūs | prōcūrrĕrĭt Āppēnnīnūs
nŏvāquĕ mōnstră | iūnxĕrīt lĭbīdĭnĕ 30
mīrŭs ămōr, iŭvĕt ūt | tīgrīs sūbsīdĕrĕ cērvīs,
ădūltĕrētŭr | ūt cŏlūmbă mīlŭō,
crēdŭlă nēc rāvōs | tĭmĕānt ārmēntă lĕōnēs
ămētquĕ sālsă | lēvĭs hīrcŭs aēquŏrā.
Haēc ēt quaē pŏtĕrūnt | rĕdĭtūs ābscīndĕrĕ dūlcīs 35
ĕāmŭs ōmnĭs | ēxsĕcrātă cīvĭtās,
aūt pārs īndŏcĭlī | mĕlĭōr grĕgĕ; mōllĭs ĕt ēxspēs
ĭnōmĭnātă | pērprĭmāt cŭbīlĭă.
Vōs quĭbŭs ēst vīrtūs, | mŭlĭēbrēm tōllĭtĕ lūctūm,
Ĕtrūscă praētĕr | ĕt vŏlātĕ lītŏră. 40
Nōs mănĕt Ōcĕănūs | cīrcūmvăgŭs: ārvă bĕātă
pĕtāmŭs ārvă, | dīvĭtēs ĕt īnsŭlās,
rēddĭt ŭbī Cĕrĕrēm | tēllūs ĭnărātă quŏtānnīs
ĕt īmpŭtātă | flōrĕt ūsquĕ vīnĕă,
gērmĭnăt ĕt nūmquām | fāllēntīs tērmĕs ŏlīvaē 45
sŭāmquĕ pūllă | fīcŭs ōrnăt ārbŏrēm,
mēllă căvă mānānt | ex īlĭcĕ, mōntĭbŭs āltīs
lĕvĭs crĕpāntĕ | lўmphă dēsĭlīt pĕdĕ.
Īllīc ĭniūssaē | vĕnĭūnt ād mūlctră căpēllaē
rĕfērtquĕ tēntă | grēx ămīcŭs ūbĕră, 50
nēc vēspērtīnŭs | cīrcūmgĕmĭt ūrsŭs ŏvīlĕ,
nĕque īntŭmēscĭt | āltă vīpĕrīs hŭmūs.
Nūllă nŏcēnt pĕcŏrī | cōntāgĭă, nūllĭŭs āstrī 61

Mas juremos: tão logo | do abismo profundo os calhaus e-   25
-mergirem a nado, | não voltar será proibido;
nem pejará dar velas | de volta pra casa lá quando
o Pado os cumes | do Matino enxaguar,
ou ao mar dar de encontro | o mui excelso Apenino
e novos monstros | conjungir libidinosos   30
tão assombroso amor, | que tigres se deitem com cervos,
em adultério | se una a pomba co milhano,
nem os confiados armentos | não temam os ruivos leões,
e ame um tenro | bode o arquissalgado mar.
Isto imprecando – e o mais | que possa impedir o tão doce 35
retorno, vamos | todos nós os cidadãos,
ou a nata da indócil grei, | fraca e desesperada,
que aqui se quede | nuns covis abomináveis.
Vós, que tendes valor, | extirpai vosso luto femíneo
e para além voai do | etrusco litoral.   40
Resta-nos circunvagante | Oceano: eia, os campos ditosos
busquemos, campos | e também as ricas ilhas,
onde terra virgem | de arado dá grão todo ano,
e mesmo não podada a | vinha é sempre em flor,
brota o ramo também | da oliveira que nunca falece,   45
e o fusco figo a | sua árvore adereça,
méis do cavo carvalho | dimanam, e nos montes mais altos
com crepitante | pé saltita a leve linfa.
Lá espontaneamente | aos tarros acorrem as cabritas,
e traz a grei amiga os | úberes inchados,   50
nem o urso noturno | não urra ao redor do redil,
nem se intumesce o | chão de serpes irascível;
peste nenhuma o gado | não dana, de astro nenhum   61

Capítulo IV *185*

grĕgem aēstŭōsă | tōrrĕt īmpŏtēntĭā. 62
Plūrăquĕ fēlīcēs | mīrābĭmŭr: ūt nĕquĕ lārgīs 53
ăquōsŭs Eūrŭs | ārvă rādăt īmbrĭbūs
pīnguĭă nēc sīccīs | ūrāntūr sēmĭnă glaēbīs, 55
ŭtrūmquĕ rēgĕ | tēmpĕrāntĕ caēlĭtūm. 56
Nōn hūc Ārgōō | cōntēndīt rēmĭgĕ pīnŭs,
nĕque īmpŭdīcă | Cōlchĭs īntŭlīt pĕdēm; 60
nōn hūc Sīdŏnĭī | tōrsērūnt cōrnŭă naūtaē
lăbōrĭōsă | nēc cŏhōrs Ŭlīxĕī.
Iūppĭtĕr īllă pĭaē | sēcrēvīt lītŏră gēntī,
ŭt īnquĭnāvĭt | aērĕ tēmpŭs aūrĕūm.
Aērĕ, dĕhīnc fērrō | dūrāvīt saēcŭlă; quōrūm 65
pĭīs sĕcūndă | vātĕ mē dătūr fŭgă.

a estuante *p*otestade a | **grei** não *in*cinera. 62
Inda mais pasma**remos** | felizes: co<u>**mo o á**</u>quico **Euro** 53
não **ro**a os **campos** | **com** es**pes**sas **trom**bas **d'água**,
nem as **pingues sementes** | na **gle**ba cres**ta**da não **quei**mem, 55
que **um** e **outro** | **bem** tem**pe**ra o **rei** celeste. 56
Cá com ar**g**ivo re**meiro** | não **veio dar** nenhum **pinho**,
nem *im*pudica | **Cólqui***d*a não **pôs** o **pé**; 60
nem para **cá** tor**ce**ram | os **mastros** os **nau**tas sidônios,
ou **a** la*b*o**riosa** | **chus**ma <u>*de O*</u>disseu.
Júpiter *r*eser**vou** | tais **praia**s a **pia** pro**sá**pia,
ao *m*ac**ular** de | **bronze** o **sécu**lo dourado.
Bronze: daí de **ferro** | enri**jou** as i**da**des, das **quais** 65
al*v*issa**reira** | **fuga** aos **pios** eu, **vate**, **dou**.

Capítulo IV *187*

Comentário

a. Este longo epodo cívico, cujo metro exclusivo é um dístico de hexâmetro com trímetro iâmbico puro (os dois versos mais nobres do latim, segundo Santo Agostinho[1]), não tem ictos justapostos – o que, pois, faz do efeito contrastante a sua grande dificuldade de reprodução.

b. Para o contraste que caracteriza o primeiro membro do hexâmetro cite-se, em português, nosso "**Res**ta-nos *cir*cun-va**gan**te" (v. 41), em que as sílabas "cun-" e "va-" sugerem tonicidade pelo parentesco com "cir**cún**vago" e "circun**va**go", respectivamente, buscando, assim, reproduzir os ritmos do análogo "**Nos** manet **O**cea**nus**" (v. 41), com os seus tônicos "ma-" e "a-" fora do icto.

c. Sendo trímetro puro, consta este verso sempre e invariavelmente de seis iambos. Embora não se ache cesura heptemímere neste epodo, a sua presença num poema de mesmo metro, como o *Phasellus ille* de Catulo, nos autoriza a utilizá-la, a bem da variação.

d. Sobre os efeitos contrastantes do trímetro puro, o nosso "com *cre*pi**tan**te" (v. 48), por exemplo, em que "com" pudera ser tônica, busca reproduzir a tonicidade não marcada de "le-" no "le**vis** cre**pan**te" (v. 48) que traduz.

e. A longa sentença vernácula dos quatorze primeiros versos denota o mesmo esforço do estilo: alatinado, sim, e quanto possível fléxil na replicação da sintaxe original.

---

[1] Cf. *De Musica* V, viii, 16: "Então passemos a dissertar sobre cinco e sete semipés, como os têm os dois versos mais nobres – refiro-me ao heroico e ao vulgarmente chamado iâmbico, ambos os quais são senários".

Exercícios

a. Memorize o andamento e a divisão rítmica desta estrofe.

b. Sem cuidar ainda na segunda voz, procure reproduzir a primeira dos ictos com as palavras que conseguir, independentemente do significado e da sintaxe. Repita o procedimento tantas vezes quantas forem necessárias, até dominar completamente esta estrofe e conseguir compô-la com facilidade. Treino é tudo.

c. Ainda sem levar em conta o ritmo reflexo, reproduza o padrão rítmico da estrofe compondo versos que façam algum sentido em português. Tome como paradigma as palavras de um seu poema, sermão, tratado ou romance dileto. Prefira textos clássicos, a fim de praticar com períodos longos, constantes de várias coordenações e subordinações. Dentre os modernos escolha, por exemplo, *O Livro de Cesário Verde*: é obra-prima.

d. Procure emendar os versos que compôs no item anterior inserindo-lhes alguns efeitos de contraste, tais como os descritos no comentário.

e. Como foi o seu desempenho no hexâmetro com trímetro puro? Seja objetivo no julgamento, e antes peque por excesso que por omissão.

20) TRÍMETRO IÂMBICO: Epodo XVII, Latim.

x = u = x | = u = x = u o

Iām **iam** ēffĭcācī | **dō** mănūs scĭēntĭaē,
sūpplēx ĕt ōrō | rēgnă pēr Prōsērpĭnaē,
pĕr ĕt Dĭānaē | nōn lŏquēndă nōmĭnă,
pĕr ātquĕ lībrōs | cārmĭnūm vălēntĭūm
rĕfīxă caēlō | dēvŏcārē sīdĕră,   5
Cănīdĭă, pārcĕ | vōcĭbūs tāndēm săcrīs
cĭtūmquĕ rētrō | sōlvĕ, sōlvĕ tūrbĭnēm.
Mōvīt nĕpōtēm | Tēlĕphūs Nērēĭūm,
īn quēm sŭpērbūs | ōrdĭnārăt āgmĭnă
Mӯsōrum ĕt īn quēm | tēla ăcūtă tōrsĕrāt.   10
Lūxĕrĕ mātrēs | Īlĭ**ae ād**dīctūm fĕrīs
ālĭtĭbŭs* ātquĕ | cănĭbūs hŏmĭcī**dam Hēc**tŏrēm,
pōstquām rĕlīctīs | moēnĭbūs rēx prōcĭdīt,
heū, pērvĭcācīs | ād pĕdēs Ăchīllĕī.
Saētōsă dūrīs | ēxŭĕrĕ pēllĭbūs   15
lăbōrĭōsī | rēmĭgēs Ŭlīxĕī
vŏlēntĕ Cīrcā | mēmbră; tūnc mēns ĕt sŏnūs
rĕlāpsŭs ātquĕ | nōtŭs īn vūltūs hŏnōr.
Dĕdī sătīs sūpērquĕ | poēnārūm tĭbī,
ămātă naūtīs | mūltum ĕt īnstĭtōrĭbūs: 20
fūgīt iŭvēntās | ĕt vĕrēcūndūs cŏlōr,
rĕlīnquŏr ōssă | pēlle ămīctă lūrĭdā,
tŭīs căpīllūs | ālbŭs ēst ŏdōrĭbūs.
Nūllum ā lăbōrĕ | mē rĕclīnăt ōtĭūm;
ūrgēt dĭēm nōx | ĕt dĭēs nōctēm nĕ**que ēst**   25

190   O Esmeril de Horácio

20) Trímetro Iâmbico: Epodo XVII, Português.

x = u = x | = u = x = u o

Já **bai**xo a **cris**ta **às** | **tu**as **ar**tes e**fi**cazes
hu**mil**de e **ro**go | **pe**los **rei**nos de Pro**sér**pina
e **pe**los **nu**mes | de Di**a**na in*co*mu**tá**veis
e **pe**los **li**vros | **dos** en**can**tos ha*bi***lís**simos
em *con***vo**car **dos** | **céus** os **as**tros *des***pen**cados, 5
Ca**ní**dia: **pou**pa o | **ver**bo **má**gico a**fi**nal
e **gi**ra o **fu**so | **rá**pi<u>do em</u> sen**ti**do in**ver**so.
Do**brou o** ne**rei**o | **ne**to **Té**le*fo* **lá** **quan**do
al**ti**vo **con**tra<u>_</u>a**que**le ar**ma**ra os es**qua**drões
dos **mí**sios, **gros**sos | **dar**dos **con**tra a**que**le er**gue**ra, 10
e un**gi**ram <u>de **Í**lio as</u> | **mães** o a*ban***do**nado **às fe**ras
e **pás**saros e | **cães** – ah, <u>o *ho*</u>**mi**cida Hei**tor** –,
de**pois** de o **rei**, trans|**pon**do os **mu**ros, ar**ro**jar-se
aos **pés** de A**qui**les, | **ai**, o *im*pla*ca*bi**lís**simo;
e *des*po**ja**<u>ram **os**</u> | **mem**bros **hís**pi*dos* da **du**ra 15
pe**la**gem (**Cir**ce o | **quis**) os **nau**tas <u>de **O**</u>dis**seu**
la*bo***rio**sos, | **lo**go a *cons***ciên**cia e a **voz**
co**bran**do a **par** e | **par** do **lus**tre **no** sem**blan**te;
ex**pi**ei por **ti** bas**tan**tes, | **de**ma*sia*das **pe**nas,
ó **mui** a**ma**da | de ma**ru**jos e mer**can**tes: 20
a *mo***ci**dade | **foi**-se-**me e a** ro**sá**cea **cor**
tro**cou**-se em **pe**le | **so**bre os **os**sos *par*da**cen**ta,
e o **meu** ca**be**<u>lo é</u> | **bran**co **co** per**fu**me **teu**;
e **não** me am**pa**ra | **ó**cio al**gum** de **tais** tra**ba**lhos,
a**cos**sa a **noi**te o | **di**a, o **di**a a **noi**te, e **não** 25

lĕvārĕ tēntă | spīrĭtū praēcōrdĭă.
Ērgō nĕgātūm | vīncŏr ūt crēdām mĭsēr,
Săbēllă pēctŭs | ēt crĕmārĕ cārmĭnă
căpūtquĕ Mārsā | dīssĭlīrĕ nēnĭā.
Quĭd āmplĭūs vīs? | ō mărĕ ēt tērra, ārdĕō   30
quāntūm nĕque ātrō | dēlĭbūtŭs Hērcŭlēs
Nēssī crŭōrĕ | nēc Sĭcānă fērvĭdă
vīrēns ĭn Aētnā | flāmmă: tū, dōnēc cĭnīs
ĭniūrĭōsīs | ārĭdūs vēntīs fĕrār,
călēt vĕnēnīs | ōffĭcīnă Cōlchĭcīs?   35
Quaē fīnĭs aūt quōd | mē mănēt stĭpēndĭūm?
Ēffārĕ: iūssās | cūm fĭdē poēnās lŭām,
părātŭs ēxpĭārĕ | seū pŏpōscĕrīs
cēntūm iŭvēncīs, | sīvĕ mēndācī lўrā
vŏlēs sŏnārī: | 'tū pŭdīcă, tū prŏbă   40
pĕrāmbŭlābīs | āstră sīdŭs aūrĕūm'.
Īnfāmĭs Hĕlĕnaē | Cāstŏr ōffēnsŭs vĭcēm
frătērquĕ māgnī | Cāstŏrīs vīctī prĕcĕ
ădēmptā vātī | rēddĭdērĕ lūmĭnă:
ēt tū, pŏtēs nām, | sōlvĕ mē dēmēntĭā,   45
o nēc pătērnīs | ōbsŏlētă sōrdĭbūs
nĕque īn sĕpūlcrīs | paūpĕrūm prūdēns ănūs
nŏvēndĭālīs | dīssĭpārĕ pūlvĕrēs.
Tībī hōspĭtālē | pēctŭs ēt pūraē mănūs
tŭūsquĕ vēntĕr, | Pāctŭmēiŭs ēt tŭō   50
crŭōrĕ rūbrōs | ōbstĕtrīx pānnōs lăvīt,
ūtcūmquĕ fōrtīs | ēxsĭlīs pŭērpĕră.
"Quĭd ōbsĕrātīs | aūrĭbŭs fūndīs prĕcēs?
Nōn sāxă nūdīs | sūrdĭōră nāvĭtīs

há meio de o compresso | peito *res*pirar.
O que negara | sou forçado – abjeto! – a crer:
sabelos cantos | ferem as entranhas sim
e *des*pedaçam | *mar*sas nênias a cabeça.
Que queres mais? Ó | mar e terra, estou em chamas,   30
e tal e tanto | que nem Hércu*les* o ungido
com o atro cruor de | Nesso nem sicana flama
que brota do Etna em | fogo: e tu, até que eu cinza
em *in*ju*rio*sos | ventos seca me disperse,
me queimarás, ó | forja de venenos colcos?   35
Que fim me resta – | ou então qual é a taxa?
Vai, diz: a pena | imposta *pa*garei fiel,
disposto a honrá-la, | quer acabes exigindo
novilhos cento, | quer na *men*tirosa lira
cantada queiras | ser: 'Ó tu pudica, ó proba,   40
per*cor*rerás os | astros qual doirada estrela'.
Da infame Helena as | dores, ai, tomando Cástor
e o irmão do magno | Cástor, da *o*ração vencidos,
ao vate as luzes | *ar*rancadas *de*volveram:
e tu, que o podes, | me dissolve o *des*vario,   45
ó tu que não és | vil por teres pai espúrio
nem por sepulcros | *p*opulares és a velha
es*pe*cialista em | es*p*alhar pó *no*ven**dial**;
tens peito humano e | igual*men*te mãos puríssimas
e do teu ventre | nas*ce Pac*tumeio e os panos   50
vermelhos do teu | sangue a doula os vai lavar
ao *le*vantares, | *pa*rtu*rien*te *co*ra*jo*sa.
"Por que semeias | preces em ouvidos secos?
Aos nautas nus não | são mais surdos os abrolhos

Nēptūnŭs ālbō | tūndĭt hībĕrnŭs sălō. 55
Ĭnūltŭs ūt tū | rīsĕrīs Cŏtŷttĭā
vūlgātă, sācrŭm | lībĕrī Cŭpīdĭnīs,
ĕt Ēsquĭlīnī | pōntĭfĕx vĕnēfĭcī
impūne ŭt ūrbĕm | nōmĭ<u>ne</u> īmplērīs mĕō?
Quīd prōdĕrāt dītāssĕ | Paēlīgnās ănūs 60
vēlōcĭūsvĕ | mīscŭīssĕ tōxĭcŭm?
Sēd tārdĭōră | fātă tē vōtīs mănēnt.
Īngrātă mĭsĕrō | vītă dūcēn<u>da ēst</u> ĭn hōc,
nŏvīs ŭt ūsquĕ | sūppĕtās lăbōrĭbūs.
Ōptāt quĭētĕm | Pĕlŏpīs* īnfĭdī pătēr 65
ĕgēns bĕnīgnaē | Tāntălūs sēmpēr dăpīs,
ōptāt Prŏmētheŭs | ōblĭgātŭs ālĭtī,
ōptāt sŭprēmō | cōllŏcārĕ Sīsŷphūs
īn mōntĕ sāxūm; | sēd vĕtānt lēgēs Iŏvīs.
Vŏlēs mŏ<u>do āl</u>tīs | dēsĭlīrĕ tūrrĭbūs, 70
mŏ<u>do ēn</u>sĕ pēctŭs | Nōrĭcō rēclūdĕrĕ,
frūstrāquĕ vīnclă | gūttŭrī nēctēs tŭō
fāstīdĭōsā | trīstĭs aēgrĭmōnĭā.
Vēctābŏr ŭmĕrīs | tūnc ĕg<u>o*</u> ĭnĭmīcīs ĕquĕs
mĕaēquĕ tūrbă | cēdĕt īnsŏlēntĭaē. 75
Ān, quaē mŏvērĕ | cērĕās ĭmāgĭnēs,
ŭt īpsĕ nōstī | cūrĭōsŭs, ēt pŏlō
dērĭpĕrĕ* lūnām | vōcĭbŭs pōssīm mĕīs,
pōssīm crĕmātōs | ēxcĭtārĕ mōrtŭōs
dēsīdĕrīquĕ | tēmpĕrārĕ pōcŭlă, 80
plōr<u>em ār</u>tĭs īn tē | nīl ăgēntĭs ēxĭtŭs?".

que em **mar** salgado | **fere** o *hi*bernal Neptuno.   55
In**ulto acaso** | **riste tu** dos de Cotito
difusos **ritos** | **do** libér**ri***mo* Cupido,
e *do Es*quilino | *v*eneno**so qual** pontífice
im*pu*ne**mente** a | **urbe encheste do meu nome?**
Que *me a*dian**tou** pelignas | velhas *fazer* ricas   60
ou **misturar** de a**ção** mais | rápi**da um** veneno?
Te es**peram fados** | **mais** tardon**hos do que** pedes:
in**gra**ta **vida,** | *mi*se**rável, vais levar,**
dis**posto sempre,** | **pois,** a **novos** in**f**or**túnios.**
Re**pouso busca** | **Tântal**o – é o **pai daquele**   65
in**fido Pélops** – | **sempre falto de** bom **pasto,**
e *Pro*meteu o | **busca, atado** para o a**butre,**
qual **busca no al**to | **da montanha** *c*olo**car**
Sisifo a **rocha:** | **mas** o **vetam as leis de Jove.**
Hás de querer ou | **bem** lançar-te **de al**ta **torre**   70
ou **bem** o **peito** | *r*eta**lhar** com espada nórica
e em **vão** o la**ço** | a*p*er**tarás** à goela **tua,**
a**marg**urado | *de en*fermíssimo fastio.
Bem à gineta | *le*var-**me-ão** om*b*ros i**migos**
e a **mesma terra** à | **minha pompa** *c*ede**rá.**   75
O**ra, eu** que **posso imagens** | **cér**e*as* **mover,**
tal qual o **viste,** | *cu*rio**so,** e ao po**lo mesmo**
arre**ba**tar **com** | **minhas fórmu***las* a lua,
e **té** os de**funtos** | *d*es**pertar** do *c*re**matório**
e as *a*mo**rosas** | *b*e**beragens** tem**perar,**   80
chorava um**a ar**te **inócua** | **con**tra ti no fim?".

Comentário

a. Constante de trímetros iâmbicos acatalécticos, este longo epodo é o último da coletânea.
b. Note-se a solução da longa em duas breves na sétima sede do v. 65 (precisamente em "-lopis"), na oitava sede do v. 74 (em "-go ini-") e na segunda sede do v. 14 (em "-liti-") e do v. 78 (em "-ripe-"), todas devidamente assinaladas com asterisco. Tais soluções não foram reproduzidas em português.
c. Tentamos dar preferência, em português, à cesura pentemímere, mas sem excluir a heptemímere. Para o efeito contrastante, veja-se o hemistíquio "chorava u<u>ma ar</u>te" (v. 81), cujo "cho-" subtônico busca reproduzir a tonicidade não marcada de "plo-" no "plo<u>rem ar</u>tis <u>in</u> te" (v. 81) que traduz, em que se destaca a ectlipse, a qual sublinhamos.
d. O estilo é o alatinado de sempre.

Exercícios

a. Memorize o andamento e a divisão rítmica deste verso.
b. Sem cuidar na segunda voz, procure reproduzir a primeira dos ictos com as palavras que puder, independentemente do significado e da sintaxe. Repita o procedimento tantas vezes quantas forem necessárias, até dominar completamente este verso e conseguir compô-lo com facilidade.
c. Ainda sem levar em conta os efeitos de contraste, reproduza o padrão rítmico do verso compondo algo que faça sentido em português. Tome como paradigma as palavras de um seu poema, sermão, tratado ou romance dileto. Prefira textos clássicos, a fim de praticar com períodos longos, constantes de várias coordenações e subordinações. – Mas Gonçalves Dias é um mestre do ritmo, e "I-Juca Pirama", um poema perfeito.
d. Procure emendar os versos que compôs no item anterior inserindo-lhes alguns efeitos de contraste, tais como os descritos no comentário.
e. Como foi o seu desempenho no trímetro iâmbico? Compare o que fez com o poema célebre de Gonçalves Dias – aí você saberá.

21) HEXÂMETRO: Sátira I, 8, Latim.

= ŪŪ = ŪŪ = | ŪŪ = ŪŪ = ŪŪ = x

Ōlīm trūncŭs ĕrām | fĭcūlnŭs, ĭnūtĭlĕ līgnūm,
cūm făbĕr, īncērtūs | scāmnūm făcĕrētnĕ Prĭāpūm,
māluĭt ēssĕ dĕūm. | Deūs īnde ĕgŏ, fūrum ăvĭūmquĕ
māxĭmă fōrmīdō; | nām fūrēs dēxtră cŏērcĕt
ōbscaēnōquĕ rŭbēr | pōrrēctŭs ăb īnguĭnĕ pālūs,   5
āst īmpōrtūnās | vŏlŭcrēs īn vērtĭce hărūndŏ
tērrēt fīxă vĕtātquĕ | nŏvīs cōnsīdĕre ĭn hōrtīs.
Hūc prĭŭs āngūstīs | ēĭēctă cădāvĕră cēllīs
cōnsērvūs vīlī | pōrtāndă lŏcābăt ĭn ārcā;
hōc mĭsĕraē plēbī | stābāt cōmmūnĕ sĕpūlcrūm;   10
Pāntŏlăbō scūrraē | Nōmēntānōquĕ nĕpōtī.
Mīllĕ pĕdēs īn frōntĕ, | trĕcēntōs cīppŭs īn āgrūm
hīc dăbăt, hērēdēs | mŏnŭmēntūm nē sĕquĕrētūr.
Nūnc lĭcĕt Ēsquĭlĭīs | hăbĭtārĕ sălūbrĭŭs ātquĕ
āggĕre ĭn āprīcō | spătĭārī, quō mŏdŏ trīstēs   15
ālbīs īnfōrmēm | spēctābānt ōssĭbŭs āgrūm,
cūm mĭhĭ nōn tāntūm | fūrēsquĕ fĕraēquĕ sŭētaē
hūnc vēxārĕ lŏcūm | cūraē sūnt ātquĕ lăbōrī
quāntūm cārmĭnĭbūs | quae vērsānt ātquĕ vĕnēnīs
hūmānōs ănĭmōs: | hās nūllō pērdĕrĕ pōssūm   20
nĕc prŏhĭbērĕ mŏdō, | sĭmŭl āc văgă lūnă dĕcōrūm
prōtŭlĭt ōs, quīn ōssă | lĕgānt hērbāsquĕ nŏcēntīs.
Vīdi ĕgŏmēt nīgrā | sūccīnctām vādĕrĕ pāllā
Cānĭdĭām pĕdĭbūs | nūdīs pāssōquĕ căpīllō,
cūm Săgănā māiōre ŭlŭlāntēm: | pāllŏr ŭtrāsquĕ   25

21) HEXÂMETRO: Sátira I, 8, Português.

= ŪU = ŪU = | ŪU = ŪU = ŪU = x

Eu era um **tron**co en**tão** | de fi**guei**ra, ma**dei**ra impres**tá**vel,
quando o arte**são**, hesi**tan**do | em **fa**zer ou Pri**a**po ou esca**be**lo, o
deus pre**fe**riu; **deus**, por**tan**to, é o que **sou**, | de la**drões** e de **pás**saros
mor espan**ta**lho, por**quan**to | os la**drões** minha **des**tra de**tém** (e o
rúbido **pau** levan**ta**do | do **meu** obsce**nís**simo **pú**bis), 5
mas as **a**ves **tão** | impor**tu**nas na **tes**ta um bam**bu**
fixo ame**dron**ta e **e**vita | que as**sen**tem nos **no**vos jar**dins**.
Cá os ca**dá**veres **an**tes | ti**ra**dos de es**trei**tos cu**bí**culos
outro es**cra**vo tra**zia** | fe**cha**dos em **tos**cos cai**xões**:
cá da **mí**sera **ple**be | fi**ca**va uma **va**la co**mum**, 10
de Panto**la**bo o bu**fão** | e *do es*banja**dor** Nomen**ta**no.
Cá uma co**lu**na mar**ca**va | de **fren**te mil **pés** e tre**zen**tos de
fundo, **sem** usu**fru**to | do **tú**mulo pelos her**dei**ros.
Ora se **po**de habi**tar** | nas sa**lo**bres Es**quí**lias e a**in**da
no calça**dão** ao **sol** | pas**sear**, onde ou**tro**ra os de **lu**to 15
*ob*ser**va**vam um ter**rão** | defor**ma**do por **al**vas ca**vei**ras,
inda que a **mim** não me **deem** | passa**ri**nhos nem **pu**lhas ver**sa**dos
em pi**lhar** este **bair**ro | **tan**tos **cu**ra e la**bor**
quantos a**que**las que **pi**cam | com **seus** ve**ne**nos e en**can**tos
a alma dos **ho**mens – as **quais** | de ma**nei**ra nenhu**ma** consi**go** 20
*tru*ci**dar** e tolher | que mis**tu**rem **er**vas da**ni**nhas
e ossos, tão **lo**go a flu**tu**an**te lua** | des**co**bre o bel **ros**to.
Vi eu **pró**prio, cin**gi**da | de **man**to ne**grís**simo e os **pés** des-
-**cal**ços, Ca**ní**dia a mar**char**, | desgre**nha**dos tam**bém** os ca**be**los,
com a mais **ve**lha Sa**ga**na | ulu**lan**do: e o pa**lor** as fa**zia** um 25

fēcĕrăt hōrrēndās | ādspēctū, scālpĕrĕ tērrām
ūnguĭbŭs ēt pūllām | dīvēllĕrĕ mōrdĭcŭs āgnām
coēpērūnt; crŭŏr īn | fōssām cōnfūsŭs, ūt īndĕ
mānīs ēlĭcĕrēnt | ănĭmās rēspōnsă dătūrās.
Lānĕă ĕt ēffĭgĭēs | ĕrăt āltĕră cērĕă: māiŏr   30
lānĕă, quaē poēnīs | cōnpēscĕrĕt īnfĕrĭōrēm;
cērĕă sūpplĭcĭtēr | stābăt, sērvīlĭbŭs ūt quaē
iām pĕrĭtūră mŏdīs. | Hĕcătēn vŏcăt āltĕră, saēvăm
āltĕră Tīsĭphŏnēn: | sērpēntēs ātquĕ vĭdērēs
īnfērnās ērrārĕ cănēs | Lūnāmquĕ rŭbēntēm,   35
nē fŏrĕt hīs tēstīs, | pōst māgnă lătĕrĕ sĕpūlcră.
Mēntĭŏr āt sīquīd, | mērdīs căpŭt īnquĭnĕr ālbīs
cōrvō**rum āt**que īn mē | vĕnĭăt mīc**tum āt**quĕ căcātūm
Iūlĭŭs ēt frăgĭlīs | Pĕdĭātĭă fūrquĕ Vŏrānŭs.
Sīngŭlă **quĭd** mĕmŏrēm, | quō **pāc**to āltērnă lŏ**quēn**tēs   40
ūmbraē cūm Săgănā | rĕsŏnārīnt trīste ĕt ăcūtūm
ūtquĕ lŭpī bārbām | vărĭaē cūm dēntĕ cŏlūbraē
ābdĭdĕrīnt fūrtīm | tērrīs ĕt ĭmāgĭnĕ cērĕă
lārgĭŏr ārsĕrĭt īgnĭs | ĕt ūt nōn tēstĭs ĭnūltŭs
hōrrŭĕrīm vōcēs | Fŭrĭārum ēt fāctă dŭărūm?   45
Nām, dīsplōsă sŏnăt | quāntūm vēsīcă, pĕpēdī
dīffīsă nătĕ fīcŭs; | ăt īllaē cūrrĕre ĭn ūrbēm.
Cānĭdĭaē dēntīs, | āltūm Săgănaē călĭēndrŭm
ēxcĭdĕ**re āt**que hērbās | āt**que īn**cāntātă lăcērtīs
vīncŭlă cūm māgnō | rīsūquĕ iŏcōquĕ vĭdērēs.   50

*hor*rorosíssimo espetác'lo. | A cavar começaram a terra
com suas unhas e a | destrinçar à dentada uma anha
preta; seu sangue escorreu | numa fossa, para que assim
*in*vocassem os manes, | as almas que dão as respostas.
Tinham outrossim uma boneca | de lã e uma outra de cera, 30
sendo aquela a maior, | a qual a menor castigava:
e esta de cera, súplice, como | se assim servilmente
fosse morrer. Aí | uma delas Hécate invoca, a
outra, Tisífone <u>cruel</u>; | e tanto verias serpentes
como infernais cadelas | vagando, e a rúbida lua que, 35
para o não ver, se oculta | detrás dos grandes sepulcros.
Se é que minto, conspurquem-me a cuca | com a merda tão clara dos
corvos e venham até mim | pra mijar e igualmente cagar
Júlio e Pe<u>diá</u>cia fragílimo e aquele | ladrão do Vorano.
Ora, os detalhes por que | mencionar – de que modo, altercando as 40
sombras com a dita Sagana, | um som triste e agudo zunia, e
como a barba de um lobo | cum dente de cobra-coral de-
-baixo da terra esconderam à socapa, | e com a estátua de cera o
fogo engrossou: e como eu, | testemunha vingada, afinal,
*hor*rorizei-me com as vozes | e feitos de ambas as Fúrias? 45
Pois, qual troa a bexiga ao explodir, | aí eu peidei, a
nalga figosa rachando: | e as duas correram à cidade.
A dentadura então | de Canídia e a alta peruca,
sim, de Sagana verias | cair, nos seus braços as ervas
e *a*marrações encantadas, | com grande risada e grã mofa. 50

Comentário

a. Escolhemos traduzir este poema hexamétrico, entre os muitos possíveis, porque ele e o epodo precedente são mutuamente alusivos.
b. Note-se a saborosa mistura de arcaísmo ("**nal**ga", v. 47) com turpilóquio ("pei**dei**", v. 46), que procura reproduzir em português a colorida elocução original.
c. O efeito contrastante do primeiro hemistíquio é ubíquo, em latim – veja-se, pois, em português, "*hor*ori**zei**-me com as **vo**-zes" (v. 45), por exemplo, em que "ror-" sugere tonicidade pelo parentesco com "hor**ror**" e a ectlipse "com as" deixa a sílaba pesada, com o que se imitam os acentos gramaticais não marcados "e-" e "vo-" em "**hor**rue**rim vo**ces" (v. 45).
d. O estilo é latinizante – mas, mercê do gênero, acolhe de bom grado o turpilóquio.

Exercícios

a. Memorize o andamento e a divisão rítmica deste verso.
b. Sem cuidar na segunda voz, procure reproduzir a primeira dos ictos com as palavras que conseguir, independentemente do significado e da sintaxe. Repita o procedimento tantas vezes quantas forem necessárias, até dominar completamente este verso e conseguir compô-lo com facilidade.
c. Ainda sem levar em conta os efeitos de contraste, reproduza o padrão rítmico do verso compondo algo que faça sentido em português. Tome como paradigma as palavras de um seu poema, sermão, tratado ou romance dileto. Prefira textos clássicos, a fim de praticar com períodos longos, constantes de várias coordenações e subordinações – como, dentre os contemporâneos, *A Imitação do Amanhecer* de Bruno Tolentino.
d. Procure emendar os versos que compôs no item anterior inserindo-lhes alguns efeitos de contraste, tais como os descritos no comentário.
e. Como foi o seu desempenho no hexâmetro dactílico? Leia em voz alta e pratique, pratique e pratique.

Capítulo V

Observações Finais

Partindo de brevíssimo apanhado de minha trajetória pessoal, como poeta e estudioso de poesia, este trabalho versou, primeiramente, sobre as chamadas duas pautas superpostas dos metros latinos – isto é, a dos ictos e a dos acentos –, destacando, já o engenho de seu jogo contrapontístico, já as múltiplas possibilidades de leitura e execução desse jogo, já, enfim, a necessidade de jogá-lo com uma elocução adequada. Feito isso, e definidos mais claramente os critérios a empregar-se na tradução – isto é, replicar os ictos dos metros de Horácio mediante tônicas e subtônicas portuguesas, com outras subtônicas, sílabas de tonicidade ambígua, elisões e sinéreses e ditongos etcétera a fazer de contraponto ou ritmo reflexo ou efeito contrastante dos acentos gramaticais fora do icto –, passou-se, então, em revista a história da ode vernácula, do século XVI ao XXI, da qual destacamos alguns momentos decisivos e a importância, nela, de Pedro Antônio Correia Garção, a fim de poder aquilatar melhor o preciso lugar (subalterno e secundário) que este trabalho ocupa nessa rica história. Finalmente, pusemos em verso português todos os vinte e um esquemas métricos que Horácio utiliza, tentando quanto possível e na medida de nosso engenho vencer as enormes dificuldades de dar forma vernácula à justaposição de tempos marcados, ao virtualmente irreproduzível efeito poético da dita segunda voz, e mesmo à ordem vocabular e sintaxe dos originais latinos. Embora nem sempre, é bem verdade, parece-nos que vez por outra logramos nosso intento.

Seja como for, há que observar que este livro não é um tratado completo (para o qual me faltam o empenho e a erudição necessários), mas apenas uma introdução, – seja às medidas horacianas, seja à história da ode, seja, finalmente, ao essencial do ritmo e da técnica do verso em português. Se tem algo de novo, portanto, creio que esteja em conjugar a pesquisa histórica e a reflexão teórica com a efetiva prática da poesia, apresentando minhas traduções de Horácio como as lições acadêmicas que são, – tais como, no conservatório e no ateliê, as composições e os quadros do professor, feitos de molde para instruir os alunos. Se, pois, servirem elas de estímulo para a prática dos exercícios e desenvolvimento das habilidades técnicas do poeta aspirante, amador ou desejoso de aprimorar-se, dou-me por regiamente pago deste trabalho. Porque, se "não há escola de canto" – como afirma o grande Yeats –, há pelo menos uns professores particulares.

Leia muito, pratique muito e, se constata ter mesmo a veia poética, nunca desista.

SÚMULA BIBLIOGRÁFICA

ALLEN, W. Sydney. *Vox Latina*. Cambridge: Cambridge University Press, 1978.

_____. *Accent and Rhythm*. Cambridge: Cambridge University Press, 1973.

ANTUNES, Leonardo. "Métrica e Rítmica nas *Odes Píticas* de Píndaro". Tese de Doutoramento. São Paulo: Universidade de São Paulo, 2012.

AURELIO AGOSTINO. "De Musica". In: *Tutti i Dialoghi*. A cura di Giovanni Catapano. Milano: Bompiani, 2006.

SANTO AGOSTINHO. *A Música*. Introdução, tradução e notas de Érico Nogueira. São Paulo: Paulus, no prelo.

ASCHER, Nelson. "Cântico dos Cânticos: Familiaridade e Estranheza". In: *Cântico dos Cânticos de Salomão*. Trad. Antonio Medina Rodrigues. São Paulo: Labortexto Editorial, 2000, pp. 9-25.

BOCAGE, Manuel Maria Barbosa du. *Obras Poeticas de Manoel Maria de Barbosa du Bocage*. 3 Tomos. Lisboa: Typ. de A. J. da Rocha, 1849.

BOLDRINI, Sandro. *Fondamenti di Prosodia e Metrica Latina*. Roma: Carocci, 2004.

BROOKS, Clive. *Reading Latin Poetry Aloud: A Practical Guide to Two Tousand Years of Verse*. Cambridge: Cambridge University Press, 2007.

CALIFF, David J. *A Guide to Latin Meter and Verse Composition.* London: Anthem Press, 2002.

CÂMARA JR., Joaquim Mattoso. *História e Estrutura da Língua Portuguesa.* Rio de Janeiro: Padrão, 1985.

CAMÕES, Luís Vaz de. *Obra Completa.* Rio de Janeiro: Nova Aguilar, 2003.

CASTILHO, Antonio Feliciano de. *Tratado de Metrificação Portugueza: Seguido de Considerações sobre a Declamação e a Poetica.* 4ª ed. revista e augmentada. Porto: Livraria Moré--Editora, 1874.

COSTA E SILVA, José Maria da. *Poesias de Joze Maria da Costa e Silva.* Tomo III. Lisboa: Typ. de Antonio José da Rocha, 1844.

COUTO GUERREIRO, Miguel do. *Tratado de Versificação Portugueza.* Lisboa: Francisco Luiz Ameno, 1784.

CRUSIUS, Friedrich. *Römische Metrik.* 8. Auflage. Hildesheim: Georg Olms, 2011.

DONÁ, Tarsila. "Métrica e Ritmo das *Odes* de Horácio". Dissertação de Mestrado. São Paulo: Universidade de São Paulo, 2014.

FERREIRA, Antônio. *Poemas Lusitanos do Doutor Antonio Ferreira.* Dois Tomos. Lisboa: Typographia Rollandiana 1829.

FLORES, Guilherme Gontijo. "Uma Poesia de Mosaicos nas *Odes* de Horácio: Comentário e Tradução Poética". Tese de Doutoramento. São Paulo: Universidade de São Paulo, 2014.

FRAY LUIS DE LEÓN & SAN JUÁN DE LA CRUZ. *Poesías Completas.* Madrid: Mestas, 2004.

GARÇÃO, Pedro Antônio Correia. *Obras Poeticas de Pedro Antonio Correa Garção.* Lisboa: Regia Officina Typographica, 1778.

García Calvo, Agustín. *Tratado de Rítmica y Prosodia y de Métrica y Versificación*. Zamora: Lucina, 2006.

Garcilaso de la Vega. *Poesía Castellana Completa*. Madrid: Cátedra, 2008.

Gonzaga, Tomás António. *Marília de Dirceu e Mais Poemas*. Lisboa: Livraria Sá da Costa, 1944.

Guerrero, Gustavo. *Teorías de la Lírica*. México: Fondo de Cultura, 1998.

Hopkins, Gerard Manley. *Mortal Beauty, God's Grace*. New York: Vintage, 2003.

Klingner, Friedrich. (Ed.) *Quintus Horatius Flaccus: Opera*. 3. Auflage. Leipzig: Teubner, 1959.

Klopstock, Friedrich Gottlieb. *Gedanken über die Natur der Poesie*. Frankfurt: Insel, 1989.

Lemos, Fernando. *Fernando Pessoa e a Nova Métrica: a Imitação de Formas e Metros Líricos Greco-Romanos em Ricardo Reis*. Mem Martins: Editorial Inquérito, 1993.

Luque Moreno, Jesús. "Forma y Medida en los Versos Greco-Latinos: La Génesis del Sistema de Niveles". *EMERITA. Revista de Lingüística y Filología Clásica* (EM). Vol. LXX, n. 2, pp. 231-256, 2002.

_____. "Evolución Acentual de los Versos Eólicos Latinos". Tesis Doctoral. Madrid: Facultad de Filosofía y Letras, 1973.

Macedo, José Agostinho de. *Obras de Horacio, Traduzidas em Verso Portuguez, por José Agostinho de Macedo*. 2 Tomos. Lisboa: Impressão Regia, 1806.

Melo, Francisco Manuel de. *Obras Metricas de Don Francisco Manuel Al Serenissimo Infante Don Pedro*. Lyon: Horacio Boessat & George Remeus, 1665.

Nascimento, Francisco Manuel do. *Obras Completas de Filinto Elysio*. 11 volumes. Paris: A. Bobée, 1817.

Nicolau, Mathieu. "Les Deux Sources de la Versification Latine Accentuelle". *ALMA*, Vol. IX, pp. 55-87, 1934.

Nogueira, Érico. "Medidas Latinas em Verso Português". *Cadernos de Tradução*. Florianópolis, v. 38, nº 3, pp. 142-158, set-dez 2018.

_____. *Quase Poética*. Campinas: Vide, 2017.

_____. "Sob a Batuta de Horácio: Metros Horacianos em Português, Alemão, Italiano e Inglês". Texto inédito lido em *Augustan Poetry: New Trends and Revaluations* em julho de 2015.

_____. *Poesia Bovina*. São Paulo: É Realizações, 2014.

_____. "Versos de Medição Greco-Latina em 'Vem sentar-te comigo, Lídia, à beira do rio' de Ricardo Reis". *Revista Letras* (Universidade Federal do Paraná), nº 89, pp. 170-183, janeiro / julho de 2014a.

_____. *Verdade, Contenda e Poesia nos* Idílios *de Teócrito*. São Paulo: Humanitas, 2012.

Nolasco da Cunha, Vicente Pedro. "A Batalha de Waterloo. Ode Saphica". *O Investigador Portuguez em Inglaterra*. Volume 13, nº 51, pp. 344-348, setembro de 1815.

Nunes, Carlos Alberto. (Trad.) *Virgílio: Eneida*. Ed. João Angelo Oliva Neto. São Paulo: Editora 34, 2014.

Nougaret, Louis. *Traité de Métrique Latine Classique*. Paris: C. Klincksieck, 1948.

Oliva Neto, João Angelo. "O Hexâmetro Dactílico de Carlos Alberto Nunes: Teoria e Repercussões". *Revista Letras* (Universidade Federal do Paraná), nº 89, pp. 187-204, janeiro / julho de 2014.

_____. "A Eneida em Bom Português: Considerações sobre Teoria e Prática da Tradução Poética". In: Marcos Martinho dos Santos *et alii* (orgs.). *II Simpósio de Estudos Clássicos*. São Paulo: Humanitas, 2007, pp. 65-88.

OLIVA NETO, João Angelo & NOGUEIRA, Érico. "O Hexâmetro Dactílico Vernáculo antes de Carlos Alberto Nunes". *Scientia Traductionis*, n° 13, pp. 295-311, julho de 2013.

OSÓRIO, Jorge Alves. "Sentido e Forma em Tomás António Gonzaga: A Propósito do seu Horacianismo". *Revista de História*, 02, pp. 417-434,1979.

D'OVIDIO, Francesco. *Versificazione Italiana e Arte Poetica Medioevale*. Milano: Hoelpi, 1910.

PASCOLI, Giovanni. "Regole di Metrica Neoclassica". In: *Poesie e Prose Scelte*. Tomo Secondo. Milano: Arnoldo Mondadori Editore, 2002.

PEJENAUTE, Francisco. "La Adaptación de los Metros Clásicos en Castellano". *Estudios Clásicos*, XV, pp. 213-234, 1971.

PEREIRA, Maria Helena da Rocha. *Temas Clássicos na Poesia Portuguesa*. Lisboa: Editorial Verbo, 1972.

_____. "Aspectos Novos do Horacianismo em Correia Garção". *Humanitas*. Vol. 9-10, pp. 37-51,1957-1958.

PESSOA, Fernando. *Obra em Prosa*. Rio de Janeiro: Nova Aguilar, 1974.

_____. *Obra Poética*. 3ª ed. Rio de Janeiro: Nova Aguilar, 1969.

PREVIŠIĆ, Boris. *Hölderlins Rhythmus*. Frankfurt: Stroemfeld, 2008.

QUENTAL, Antero de. *Odes Modernas*. Coimbra: Imprensa da Universidade, 1865.

RITSCHL, Friedrich. *Kleine Philologische Schriften.* Band II. Leipzig: Teubner, 1868.

SANTOS, Antonio Ribeiro dos. *A Lyrica de Q. Horacio Flacco, Poeta Romano, Trasladada Literalmente em Verso Portuguez por Elpino Duriense.* 2 Tomos. Lisboa: Impressam Regia, 1807.

SCHLEIERMACHER, F. "Ueber die verschiedenen Methoden des Uebersezens" (1813). In: *Das Problem des Übersetzens.* Hg. von Hans Joachim Störig. Stuttgart: Goverts, 1963, pp. 38-69.

SILVA BÉLKIOR. *Texto Crítico das Odes de Fernando Pessoa--Ricardo Reis: Tradição Impressa Revista e Inéditos.* Lisboa: Imprensa Nacional-Casa da Moeda, 1988.

SILVA RAMOS, Péricles Eugênio da. "Os Princípios Silábico e Silábico-Acentual". In: *O Verso Romântico e Outros Ensaios.* São Paulo: Conselho Estadual de Cultura / Comissão de Literatura, 1959, pp. 23-31.

SNELL, Bruno. *Griechische Metrik.* 5. Auflage. Göttingen: Vandenhoeck & Ruprecht, 2010.

STRAVÍNSKI, Igor. *Poética Musical em Seis Lições.* Rio de Janeiro: Jorge Zahar, 1996.

THAMOS, Márcio. "Do Hexâmetro ao Decassílabo: Equivalência Estilística Baseada na Materialidade da Expressão". *Scientia Traductionis,* v. 10, pp. 201-213, 2011.

VASCONCELLOS, Paulos Sérgio de. "Duas Odes Horacianas e uma Imitação Camoniana". *Classica,* v. 15-16, pp. 233-247, 2002-2003.

Voss, Johann Heinrich. *Des Publius Virgilius Maro Landbau.* Hamburg: C. E. Bohn, 1789.

Do mesmo autor, leia também:

Poeta forjado no estudo dos clássicos, Érico Nogueira logra, nesta sua primeira novela, recuperar o espanto de Camões – originalmente direcionado à vulnerabilidade do ser humano, podendo sempre a cólera divina voltar-se contra esse "bicho da terra tão pequeno" –, mas agora o orientando à mesquinhez dos homens, e, ainda mais concretamente, à dos homens desta terra. Essa história de trapaças, hipocrisia e corrupção vai cativar você do começo ao fim.

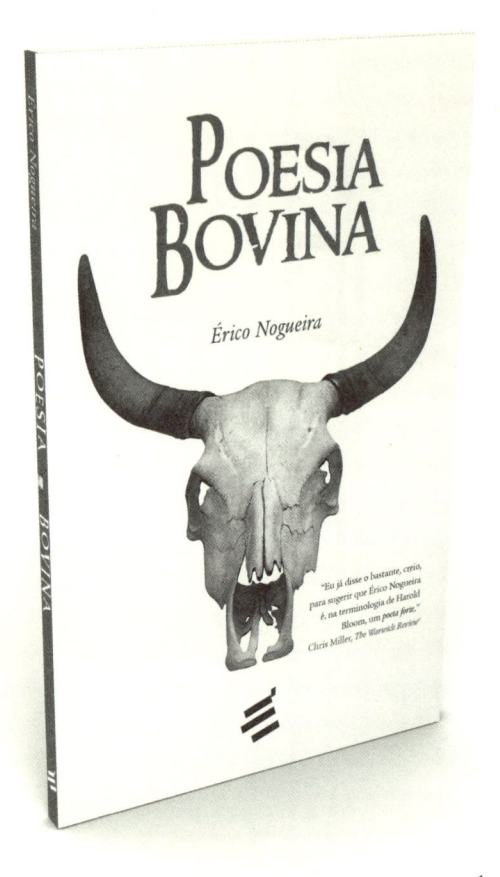

Neste livro extraordinário, finalista do Prêmio Jabuti 2015, Érico Nogueira leva ao limite sua aparentemente inesgotável capacidade de invenção formal, compondo longos poemas narrativos em ritmos novos e surpreendentes, nos quais a metafísica e a teologia se misturam com o escracho e o bom-humor. Imperdível.

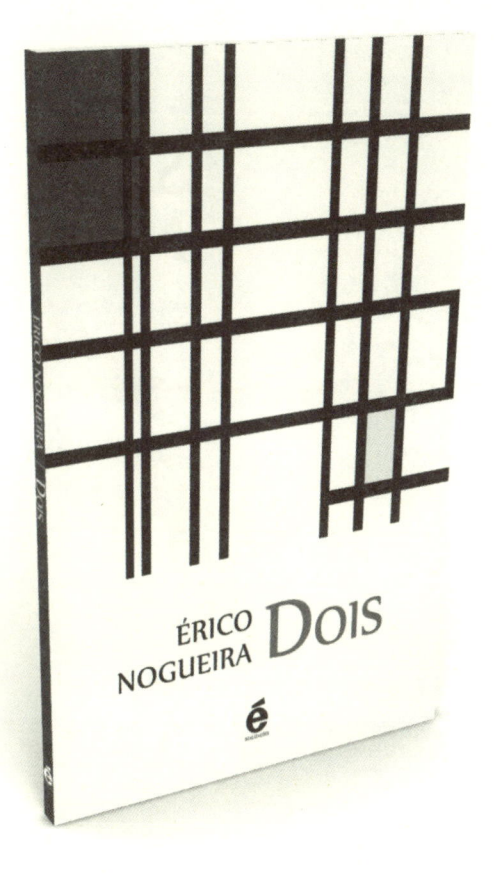

Finalista do Prêmio Jabuti 2011 na categoria Poesia, este livro tocante é ao mesmo tempo virtuosística demonstração de perícia técnica e arrebatadora reflexão sobre o amor e as ambiguidades da existência – daí o título *Dois*. Um livro único no panorama da poesia brasileira atual.

Este volume do poeta, professor e tradutor Érico Nogueira reúne três livros de poesias: "Livro de Horas", "Cancioneiro Inglês ou de Sandra Gama" e "Caderno de Exercícios". Pertencente a uma linhagem racionalista, Érico faz da desconfiança na linguagem seu tema fundamental, mas, apesar da ênfase na paródia e na ironia, próprias do desencanto contemporâneo, não se esquece dos padrões métricos na sua belíssima construção poética.

OS LIVROS DA EDITORA FILOCALIA SÃO COMERCIALIZADOS E DISTRIBUÍDOS PELA É REALIZAÇÕES

facebook.com/erealizacoeseditora   twitter.com/erealizacoes   instagram.com/erealizacoes

youtube.com/editorae   issuu.com/editora_e   erealizacoes.com.br

atendimento@erealizacoes.com.br